GEOFFROY DE GRANDMAISON

L'EXPÉDITION FRANÇAISE D'ESPAGNE

EN 1823

PARIS

LIBRAIRIE PLON

M.CM.XXVIII

6ᵉ édition

L'EXPÉDITION
FRANÇAISE D'ESPAGNE
EN 1823

GEOFFROY DE GRANDMAISON

L'EXPÉDITION
FRANÇAISE D'ESPAGNE
EN 1823

AVEC ONZE LETTRES INÉDITES

DE CHATEAUBRIAND

PARIS

LIBRAIRIE PLON

LES PETITS-FILS DE PLON ET NOURRIT

IMPRIMEURS-ÉDITEURS — 8, RUE GARANCIÈRE, 6^e

Une guerre juste, loyale, rapide, peu coûteuse, peu sanglante, pacificatrice, — telles
sont les couleurs sous lesquelles se présente
l'expédition française de 1823 en Espagne.
Elle marque l'apogée de la fortune des Bourbons au dix-neuvième siècle ; elle justifie pour
la seconde fois l'étymologie de la « Restauration », l'époque la plus stable (lettres,
finances, diplomatie, commerce) de la monarchie contemporaine.

Elle constitue, de notre histoire, une page
intéressante, mais mal connue. Disons même
méconnue des deux côtés des Pyrénées : en
Espagne, parce que la reconnaissance des
peuples est éphémère ; en France, parce que
l'ingratitude des partis est tenace. L'injustice de cette ignorance ne se défend guère,
mais elle éclate dans les « Manuels » scolaires
qui forment l'opinion courante du gros public, après la mentalité des écoliers. Ces petits

livres (où tant de gens se bornent à ramasser le bagage intellectuel de toute leur vie), représentent un événement considérable, — où la dignité française a été très indépendante de toute influence étrangère, — comme l'incident d'une politique d'intervention qui aurait entraîné notre pays à la remorque des puissances de la Sainte-Alliance.

Ce fut exactement le contraire.

Rechercher ces origines, retracer ces épisodes, regarder le but, dire les résultats, semble donc une œuvre patriotique, opportune dans les temps actuels. Si le lecteur, mis en présence des congrès, des conférences, des voyages diplomatiques, des notes de chancellerie, des occupations militaires, des agitations populaires, des débats parlementaires d'il y a cent ans, si le lecteur aperçoit là des analogies frappantes avec ce qu'il trouve tous les jours dans son journal, il lui est loisible de les poursuivre, on ne s'en étonnerait point : car l'expérience du présent est parfois fort utile pour éclairer le passé.

Les pièces d'archives, les documents inédits, les *Mémoires*, les correspondances, les livres et les journaux fournissent abondamment les éléments de cette étude.

En particulier, les papiers du duc Mathieu de Montmorency, conservés dans les dossiers du duc de Doudeauville, son petit-fils, m'ont apporté des renseignements précieux, dont onze lettres manuscrites de Chateaubriand, pleines de saveur et révélatrices. On en trouvera le texte intégral en Appendice.

L'EXPÉDITION FRANÇAISE D'ESPAGNE EN 1823

PREMIÈRE PARTIE
LA QUESTION POLITIQUE

CHAPITRE PREMIER

DANGER EUROPÉEN
DE LA RÉVOLUTION ESPAGNOLE

Incurie de Ferdinand VII. — Divisions des Espagnols. — Les *Serviles*, les *Exaltados*. — La révolte militaire de Cadix (1820). — L'émeute de Madrid (1822). — — Ferdinand prisonnier des Cortès. — La Régence d'Urgel.

Inquiétudes et hésitations de Louis XVIII. — Mathieu de Montmorency souhaiterait une intervention immédiate. — Il va, plénipotentiaire du roi, au Congrès de Vérone. — Son passage à Vienne, entretien avec l'Empereur de Russie.

Après les bouleversements qui, en 1814, renversèrent l'empire de Napoléon, l'Espagne demeura en Europe le pays où l'équilibre intérieur reprit le moins de stabilité.

Les divisions causées entre compatriotes par la guerre civile ne s'apaisaient pas dans les esprits surexcités habitués, sous couleur de patriotisme, aux querelles intestines les plus intransigeantes. Prince acclamé avec ivresse, Ferdinand VII ne sut pas tirer avantage de la popularité spontanée qui accueillait le roi légitime à son retour de captivité. Sournois par nature, dissimulé par éducation et habitude, vindicatif après cinq années d'emprisonnement, se méfiant à bon droit d'un groupe de ses sujets qui voulait le circonvenir, il leur échappa par son silence et mit dès lors son adresse à éluder de sanctionner cette « Constitution de Cadix », légiférée en son absence, que ses auteurs prétendaient lui imposer. Mais l'indolence de son esprit, la versatilité de ses projets, l'incohérence et la brutalité de ses ministres successifs ne pouvaient ramener l'ordre et la paix ; six années d'un régime arbitraire ne rendaient pas les passions ni moins fumeuses, ni plus refroidies ; une étincelle suffisait pour mettre le feu.

L'occasion s'en trouva à Cadix, quand on rassembla des troupes mal payées pour les embarquer vers l'Amérique où les colonies de l'Espagne se détachaient de la métropole.

Le 1er janvier 1820, la révolte de quelques
officiers ambitieux inaugura l'ère des *pronunciamientos* qui allaient au dix-neuvième siècle
dominer la vie de la péninsule.

Dans leur embarras de formuler un pro-
gramme politique, les triomphateurs novices
se réclamèrent de cette Constitution quasi
républicaine de 1812, par cela même que le
roi l'avait écartée ; et Ferdinand, monarque
constitutionnel malgré lui, parut subir de
bonne grâce la violence qui lui était faite.
Son talent était là : la fourberie de son caractère lui rendait cette dissimulation facile ;
ses rancunes n'étaient que plus impatientes
d'une revanche.

Il pouvait d'ailleurs appuyer sa colère
royale sur l'indignation d'une grande partie
de ses sujets invinciblement royalistes, liés
au respect des droits du trône, aux privi-
lèges de la couronne : le clergé, les couvents,
les campagnes. Ils avaient pour eux l'influence morale et le nombre. Contre eux
leurs adversaires, qui les flétrissaient de
l'épithète de *serviles*, se recrutaient dans la
bourgeoisie riche des villes, les professions
libérales, les gens du commerce, l'aristocratie
« éclairée », quelques prêtres « modernes ».

Le royaume était divisé entre les factions qui s'épuisaient en injures réciproques, en menaces, en violences. La terreur régnait partout : chaque cité, chaque bourg, chaque village, ayant ses suspects, ses proscrits, ses victimes. De nouvelles Cortès, nommées dans l'enthousiasme des passions et légiférant dans l'ardeur des vengeances, augmentaient l'anarchie morale en vendant des biens d'Église, et la pénurie financière en distribuant de la même main les sommes qui en résultaient. Le clergé, parmi lequel on décrétait une coupe sombre de 73 425 emplois, dont on arrêtait le recrutement en interdisant aux évêques de conférer les ordres sacrés, le clergé avait beau jeu pour protester contre ces aliénations « sacrilèges », employées à fournir des dotations à Riego, l'insurgé de Cadix, et à ses partisans.

En chaque occasion, plus ou moins heureuse, les instincts d'absolutisme de Ferdinand reparaissaient ; par contre, à chaque velléité d'indépendance, les liens démagogiques se resserraient. Il était surveillé étroitement de part et d'autre. Après des émeutes et des meurtres, le choc des deux courants se produisit à Madrid le 7 juillet 1822, entre la garde royale et les miliciens. Vaincue, la garde, ayant laissé un millier de morts ou de blessés sur place, fut désarmée. Beaucoup retournèrent leur cocarde. Des exécutions publiques et des assassinats nocturnes ensanglantèrent la ville. Image de la journée du 10 Août aux Tuileries ; et les royalistes songeaient aux conséquences qui s'en étaient suivies pour Louis XVI. Ferdinand, à qui il fut interdit de sortir de sa capitale, se vit imposer l'éloignement de son entourage habituel ; il dut accepter un ministère pris parmi les *exaltados*.

Effrayés par les événements, les royalistes, encouragés dans la réaction par un clergé dépouillé et insulté, plus irrité encore qu'atteint, les royalistes prirent volontiers les armes, avec le goût, l'habitude des guerillas. Ils se mirent à battre la campagne en bandes régulières, sous le nom caractéristique d'*Armée de la Foi*. Ils se trouvaient surtout en nombre dans les provinces du Nord. Leur mot de ralliement était : « Vive le Roi absolu ! » comme leurs adversaires criaient : « Vive la Constitution intangible ! » Et la guerre civile se déchaînait.

Une « *Régence* pendant la captivité du Roi »

(c'était son titre et il disait tout) s'installa à l'abri des montagnes, comme dans un nid d'aigles, à la Seo d'Urgel. Le marquis de Mata Florida, ancien ministre d'État, la présidait avec l'archevêque de Taragone et le général baron d'Éroles, tous acteurs dans la guerre de l'Indépendance. On proclama solennellement Ferdinand VII, selon les rites antiques, et un manifeste annonça aux Espagnols cet acte significatif.

En des paroles dictées par ses minstres, le prince, à Madrid, dut désavouer officiellement ces « fanatiques qui élevaient un trône de dérision et d'ignominie »; mais, sous le manteau, il leur fit parvenir son approbation. Cette assurance suffit à la Régence pour entrer en relations secrètes avec les gouvernements d'Europe. Elle ne fut pas éconduite, car l'alarme régnait en haut lieu. Ces brandons révolutionnaires, brûlant le pays où ils s'allumaient, étaient dangereux pour les couronnes, en particulier pour la France, dans le voisinage immédiat de ce foyer d'agitation ; les étincelles qui s'en détachaient alarmaient à bon droit les monarchies, même fort éloignées.

Seule, l'Angleterre jetait un regard favorable, satisfait peut-être, sur une terre où elle avait récemment gagné des batailles, refoulé les armées de Napoléon et pris une position qui constituait à son commerce une sorte de privilège que ses navires et ses négociants, ses banquiers et ses diplomates entretenaient avec soin. Le chaos des colonies espagnoles révoltées contre la métropole impuissante excitait encore la convoitise du cabinet britannique déjà en possession, au temps du blocus continental, du droit de trafiquer seul avec les pays où il exportait avantageusement ses marchandises. S'il fallait des prétextes honorables à cette politique, ses hommes d'État les trouveraient éloquemment en proclamant les principes de non-intervention et de liberté parlementaire.

C'est dans ces conditions qu'allait s'ouvrir à Vérone, à l'automne de 1822, un congrès où les diplomates s'étaient donné rendez-vous l'année précédente, en quittant Laybach.

La question espagnole ne pouvait y être oubliée. Comment la France, principale intéressée, l'envisageait-elle? Il appartenait à son honneur de rester juge de sa conduite et des moyens à adopter dans des circonstances difficiles ; c'est-à-dire accepter, le cas échéant, des autres puissances un appui moral, en aucun cas un concours matériel qui se fût traduit par l'envoi de troupes dont le passage à travers nos départements eût été inacceptable. Notre armée (renforcée et préparée) suffisait. Tout se résume d'un mot : « C'est une affaire dont nous nous chargeons », répondrons-nous si on nous en parle. Et le plus sage, dès lors, est de ne pas provoquer chez autrui l'examen de la question délicate. Telle était bien, par dignité, la pensée de Louis XVIII et, par prudence, la politique de M. de Villèle. Le carnet de ce dernier, dont Nettement a eu connaissance pour écrire son *Histoire de la Restauration* (VI, p. 231) en 1868 et qui, depuis, a été publié dans les *Mémoires* (III, p. 32) parus en 1889 de cet homme d'État, le dit tout net. Il est d'ailleurs exactement conforme aux *Instructions* du 5 octobre 1822 qu'il donna à notre plénipotentiaire.

Celui-ci devait être logiquement le ministre des Affaires étrangères en personne : le vicomte Mathieu de Montmorency, dont il est superflu de souligner la naissance et la vertu. Le Roi, qui le tenait en haute estime personnelle, avait cependant hésité à lui confier la mission, parce qu'il soupçonnait son vif désir d'une intervention immédiate et, pour qu'elle soit plus décisive et plus forte, son penchant à y convier toute l'Europe monarchique.

Mathieu de Montmorency, avec ses amis, faisait des rapprochements, en effet, faciles entre la Vendée royaliste et le loyalisme de la Navarre, l'armée catholique et royale et l'Armée de la Foi, les chouans et les guerillas, les deux Bourbons captifs de leurs sujets : Louis XVI et Ferdinand VII acceptant l'un et l'autre une Constitution imposée ; les Cortès mettant en péril le sort du second comme la Convention avait tranché la vie du premier. De telles analogies devaient conduire à éviter tout retard dans une intervention nécessaire. Quant aux moyens, Mathieu de Montmorency se souvenant des conspirations périlleuses dans lesquelles, sous l'Empire, il avait dû s'engager pour servir les causes où il se dévouait : le Pape à Savone, les Cardinaux noirs à Fontainebleau, les princes d'Espagne à Valençay, — Mathieu eût voulu que, par des envois immédiats d'argent, d'armes et de munitions, on apportât, sous main, à la Régence, un appui qui ne pouvait être encore officiel. — Le directeur de la police générale, M. Franchet d'Esperey, dont c'était aussi le sentiment et qui partageait les mêmes souvenirs, se fût prêté volontiers à ce procédé. Mais, au contraire, M. de Villèle eut des scrupules de conscience. « Nous ne pouvons jouer à deux mains, disait-il, avoir un ministre à Madrid et fournir de l'argent et des armes à la régence d'Urgel. » Le cabinet repoussa la suggestion un peu romanesque à laquelle Louis XVIII s'était le premier opposé.

C'est alors qu'il avait songé à envoyer au Congrès, comme partageant mieux son opinion, M. de Villèle en personne, à qui il conféra — peut-être dans ce but (l'ordonnance est du 4 septembre 1822) — le titre de président du Conseil, au risque de froisser quelque peu ses collègues et surtout la Pairie à laquelle n'appartenait pas encore le député de Toulouse. Toutefois, cette blessure intempestive fut épargnée à l'amour-propre du ministre des Affaires étrangères qui, à son audience de départ le 29 août, apprit cette nomination prochaine, de la bouche du Roi, l'assurant que rien n'était retranché à la haute mission dont il se trouvait investi.

Avant d'arriver à Vérone, il devait
d'abord, — les chemins diplomatiques ne
sont pas toujours les plus courts, — passer
par Vienne.

M. de Metternich y attendait avec impatience princes et ministres pour des conférences préliminaires. Il était préoccupé des
affaires d'Orient plus que de toute autre chose,
soucieux d'écarter la Russie de la route de
Constantinople autant que de voir la France
prendre le chemin de Madrid. Il comptait
sur l'appui indirect de l'Angleterre dans les
deux cas. Mais il éprouvait une grosse déception à ne pouvoir accueillir son partenaire,
lord Londonderry, qui, à la stupeur générale, venait de se couper la gorge à Londres.

L'empereur Alexandre, parti de Saint-Pétersbourg sans retard, se présenta à la cour
de Vienne, quasi incognito, mais avec une
grande autorité morale.

De tous ces personnages, il était le plus
en vue et conservait le prestige que les événements de 1814 avaient fait naître et que la
formation de la Sainte-Alliance avait accru.
C'était donc tout naturellement que le représentant de la France voyait un intérêt capi-
tal à des relations particulières et tenait à

honneur de répondre respectueusement aux avances de l'arbitre du Congrès. Les entretiens furent fréquents, intimes, et Mathieu de Montmorency en a fixé l'intérêt, l'abandon et la nature en un tableau pris sur le vif :

C'est un entretien tête à tête, et souvent assez prolongé, avec un grand homme, imposant par son abord, par sa figure, par ses manières, par une politesse presque exagérée dans un particulier, mais qui bientôt, si vous lui inspirez quelque intérêt ou quelque confiance, veut vous mettre parfaitement à l'aise. Il a la vue basse, il est un peu sourd, et pour cela vous fait asseoir quelquefois tout près de lui. Toujours et sur tous les sujets, c'est un homme d'esprit qui semble par moment avoir des morceaux appris et commandés par sa haute situation, mais qui le plus souvent écoute bien, questionne et répond avec précision, cause tout à fait, et se laisse aller à tout l'abandon d'un cœur généreux et d'une imagination vive.

M. de Montmorency reçut de lui le meilleur accueil. Tous deux étaient complètement désenchantés des idées libérales qui leur avaient été si chères, préoccupés au contraire d'abriter les trônes contre les tempêtes révolutionnaires, désireux de faire servir à cette grande cause ce grand pouvoir qu'ils possédaient maintenant. Il y avait dans leur esprit de la chimère et de la chevalerie. Au milieu de cette atmosphère de confiance, Mathieu de Montmorency sentit tout le prix de l'appui de l'autocrate et, brûlant les étapes, à propos d'une guerre éventuelle, confessa le premier la nécessité d'une intervention armée en Espagne. L'empereur Alexandre appuya très fort l'idée, proposant avec empressement son concours. Metternich, à qui des confidences furent faites, comme il arrive toujours en pareil cas, garda une réserve habile, tout en s'applaudissant de connaître le secret des autres avant même la tenue du Congrès.

CHAPITRE II

DÉFENSE DIPLOMATIQUE A VÉRONE

Congrès de Vérone (octobre-décembre 1822). — Le
corps diplomatique français. — Prétentions de Chateaubriand. — Notes interrogatives de Mathieu de
Montmorency aux puissances. — Réponses affirma-
tives de l'Autriche, de la Russie, de la Prusse. —
Opposition officielle de l'Angleterre et négociations
secrètes avec les Cortès. — Retour à Paris de Mathieu
de Montmorency. — Il est créé duc. — Divergences
avec M. de Villèle, dont Louis XVIII adopte l'avis.
— Démission de Mathieu à qui Chateaubriand succède aux Affaires étrangères.

Celui-ci s'ouvrit le 21 octobre à Vérone,
dans cette ville où, en 1795, le comte de Pro-
vence, alors le *Régent,* suivi de quelques
fidèles, avait pris le nom de Louis XVIII, au
milieu des extrémités douloureuses de l'émi-
gration. Maintenant, il y envoyait en grande
pompe ses ambassadeurs.

Tout un cortège de diplomates entourait
Mathieu de Montmorency et lui apportait
l'appoint de leur expérience : nos ambassadeurs en Russie, M. de La Ferronnays ; en

Autriche, M. de Caraman ; en Prusse, M. de
Rayneval ; à Naples, M. de Serre ; à Florence, M. de La Maisonfort. Et, très en vue,
notre ambassadeur à Londres : l'illustre Chateaubriand. Le noble vicomte avait même
réclamé la première place. Sa correspondance révèle l'ardeur un peu fébrile, presque
naïve, de ses ambitions. Dès le 2 avril, il y
pense et met en campagne à Paris Mme Récamier : dès le 4 juin, il posait sans ambages
sa candidature auprès de M. de Villèle :

Je crois, mon cher ami, par des considérations
hautes, que si **vous** voulez un jour vous servir de
moi, il faut que vous me placiez sur un grand
théâtre, afin qu'ayant négocié avec les rois, il ne reste
plus aucune objection ni aucun rival à m'opposer.

Et il harcèle à ce propos le ministre des
Affaires étrangères de lettres telles que
celle-ci (1) :

Je désire aller au Congrès. Je pense qu'il est bon
pour vous et bon pour moi que vous me mettiez en
rapport direct avec les souverains de l'Europe. Vous
compléterez ainsi ma carrière... Je suis ambassadeur auprès de la première puissance de l'Europe,
j'ai acquis une prépondérance que je n'avais pas

(1) Inédite. Londres, 11 juin 1822.

encore lorsque je n'étais que ministre à Berlin...
Nous pouvons et nous devons arriver trois ambassadeurs au moins... Voici mon calcul : pour le roi,
M. de Blacas ; pour vous, le duc de Laval ; et pour
votre opinion et votre ministère : moi... J'ai examiné à fond la chose, parce que je l'ai très à cœur,
et la désire très vivement... Vous ne me refuserez
pas ce que je vous demande au nom de l'amitié et
de la politique.

Il insiste le 21 juin, les 23, 24, 26 juillet.
Quand il a réussi, il part accompagné d'un
groupe de serétaires comme d'une auréole :
le duc de Rauzan, le comte de Boissy, le
comte d'Aspremont (1). S'il ne joua pas au
Congrès le rôle politique supérieur qu'il s'at-
tribuait, s'il fut accueilli par les souverains
plus en homme de lettres qu'en homme
d'État, s'il demeura piqué que l'impératrice
d'Autriche affectât de demander, quand il
lui fut présenté : « C'est M. de Chateaubriand, l'auteur (2)? » — il a laissé sur cette
assemblée de Vérone un livre — littéraire,

(1) Au contraire, M. de Montmorency, avec le jeune
de Gabriac qui lui servait de secrétaire, n'avait amené qu'un
personnel restreint et d'allures modestes : M. Bourjot,
M. Durand, ancien consul à Madrid. MM. Damour et Pon-
tois, pour le chiffre.
(2) Pasquier, *Mémoires*, V, 445.

en effet, — qui fixe avec éclat cette réunion brillante ouverte le 21 octobre, close le 16 décembre.

Il a énuméré avec complaisance les personnages qui s'y trouvaient et qu'il rencontra. On croirait lire un passage des plus pompeux récits de Saint-Simon : empereurs, rois, reines, princes, princesses, archiducs, ministres, généraux, prélats, cardinaux et nonces, ambassadeurs et grandes dames ; en plus « des comédiens accourus pour amuser d'autres acteurs : les rois ; des journalistes de Londres guettant l'histoire pour l'appréhender au passage (1) ».

La fleur de la diplomatie européenne formait comme un bouquet : le prince de Metternich, le prince Esterhazy et M. de Lebzeltern pour l'Autriche, le duc de Wellington et lord Strangfort pour l'Angleterre, le comte de Nesselrode, Pozzo di Borgo, le comte de Lieven pour la Russie, le prince de Hardenberg, M. de Bernstorf, le baron Humboldt pour la Prusse, les représentants de Rome, des Deux-Siciles, de l'Espagne pour les affaires de leur pays ; le roi et la reine de

_____

(1) *Congrès de Vérone*, XII. Le livre, page détachée des *Mémoires d'outre-tombe*, parut en deux volumes, dès 1838.

Sardaigne, dans l'orbite de l'empereur d'Autriche, lui-même satellite de l'arbitre des souverains : l'empereur Alexandre.

Avec l'impératrice d'Autriche, on remarquait, elle était grosse (!), la veuve de Napoléon, Marie-Louise, duchesse de Parme ; puis un grand nombre de dames russes, autrichiennes, italiennes du plus haut rang. Et tout le temps de leur séjour ne fut qu'une suite de visites, de dîners, de bals, de concerts et de spectacles. Rossini y était venu pour diriger le théâtre. Les souverains paraissaient aux promenades sans étiquette, en simple habit bourgeois, mais la ville offrait le tableau le plus animé, car on y compta 150 000 personnes.

Célèbre par ses monuments, surtout son amphithéâtre, agréable par sa situation pittoresque sur l'Adige, Vérone n'avait cependant qu'une faible population pour former un si vaste cadre. Mais dès qu'il fut connu que le Congrès s'y tiendrait, des juifs de Laybach avaient loué tous les hôtels et logements vacants. Les derniers arrivés purent à peine s'y loger, et on n'obtenait pas des appartements fort modestes à moins de 4 000 francs par mois.

*
* *

Mathieu de Montmorency, qui croyait la
guerre nécessaire pour rétablir l'ordre dans
la Péninsule, ne la souhaitait pas. A Vienne,
il avait dit à l'empereur de Russie : « Nous
n'entrerons en hostilité qu'à notre corps dé-
fendant, lorsque l'honneur ou la sûreté l'exi-
gera. » — A Vérone, pour augmenter cette
sûreté, il engagea la question afin de connaître sans retard les garanties qu'aurait la
France, par sa position géographique le pays
le plus proche du danger et destiné à y porter
remède (1).

Sachant que les Congrès « ont beaucoup de
peine à se mettre en train », il pressa pour
avoir une première conférence. Elle se tint,
« sans aucune espèce de forme officielle », le
20 octobre au soir, chez le prince de Metternich qui avait réuni le duc de Wellington,
MM. de Nesselrode et de Bernstoff. Dans une

______

(1) « Il était tout simple qu'en cette périlleuse entreprise,
avant de nous y jeter, nous voulussions connaître les dispo-
sitions de nos alliés... Voilà ce qui rend les notes de M de
Montmorency inattaquables. » CHATEAUBRIAND, *Congrès de
Vérone*, XXII.

note verbale, comme on disait, — qui n'en était pas moins écrite, — M. de Montmorency demandait aux « hautes puissances », « dont l'alliance a pour objet de maintenir la tranquillité de l'Europe », sur quel concours moral ou matériel pourrait compter la France :

1º Au cas où elle se verrait forcée de rompre ses relations diplomatiques avec Madrid ;

2º Ou de soutenir un conflit avec l'Espagne.

Il développa sa pensée à des auditeurs qui parurent fort intéressés, demandèrent une copie des remarques qui venaient de leur être exposées et promirent chacun leur réponse, dans les vingt-quatre heures. Elles furent remises dix jours après et telles, en principe, que les avait souhaitées Mathieu de Montmorency (1).

Sa prudence politique pouvait passer pour une imprudence diplomatique. Elle devançait les événements, dépassait les vœux du cabinet des Tuileries, elle outrepassait les pensées de M. de Villèle qui avait recommandé à l'ambassadeur de France de ne pas

(1) Papiers du duc Mathieu DE MONTMORENCY. « Travail sur Vérone, » 3ᵉ partie. Inédit.

se faire « le rapporteur des affaires d'Espagne (1) ».

Mais M. de Montmorency voulait avant tout aboutir, il se sentait fort des sympathies de l'empereur Alexandre, et il s'était cru en droit de poser des questions aux puissances alliées, après la lecture des instructions royales du 5 octobre 1822, que lui apportait M. de Chateaubriand. Elles disaient formellement que l'on devrait obtenir des souverains réunis la promesse, en cas d'hostilités avec les révolutionnaires espagnols, de former en Allemagne une armée d'observation pour l'aide éventuelle que la France pourrait réclamer de ses alliés (2). — Pour avoir la réponse, il fallait bien poser la question.

Par sa franchise (3), Mathieu de Montmorency croyait avoir, et, en fait, il avait placé la France à la tête de l'Europe, comme arbitre

(1) CHATEAUBRIAND, *Congrès de Vérone*. — PASQUIER, *Mémoires*, VI, 450.

(2) Papiers du duc Mathieu DE MONTMORENCY. « Travail sur Vérone, » 3ᵉ partie. Inédit.

(3) En tête de son récit sur le Congrès de Vérone, M. de Montmorency a écrit cette épigraphe, empruntée à Villemain (*Vue générale de l'Europe au quinzième siècle*) : « Il n'y a pas de diplomatie plus savante que la franchise des intentions et la foi des promesses. » Cette citation caractérisa toute la conduite de celui qui l'avait choisie.

de la situation. Il lui faisait aussi courir le danger de prendre une figure belliqueuse. Ce que la jalousie ne nous pardonne jamais.

La sagesse de M. de Villèle estima au contraire qu'en envisageant la guerre, on compromettait la paix ; la fierté de Louis XVIII, qui entendait ne rien devoir à autrui, qu'on aliénait notre indépendance en prévoyant des concours.

Des intrigues de second ordre augmentèrent le mal.

Ferdinand VII, sans pouvoir paraître, faisait jeter le cri d'alarme ; et son agent à Paris, le duc de Fernan-Nunez, peut-être la meilleure tête de la diplomatie espagnole, en tout cas le plus Français de cœur par ses alliances et ses séjours, harcelait de ses dépêches notre ambassadeur dont il n'ignorait pas les sympathies. — La Régence avait ses envoyés à Vérone : ils poussaient naturellement à la rupture officielle entre Paris et Madrid. Ils se réclamaient beaucoup des principes de la Sainte-Alliance et entouraient M. de Montmorency.

Ce dernier eut le tort d'accorder sa confiance à l'un de ces agents, diplomates marrons, comme les Congrès en attirent et en

retiennent toujours : le comte Achille de
Jouffroy. — Ce brouillon, s'autorisant de ces
intimités, et se targuant de quelques confidences, envoyait à Paris des correspondances
échauffées ; et ces indiscrétions, alarmantes
pour la Bourse, firent baisser tout à coup la
rente de deux francs. Il n'y avait pas de meilleurs arguments pour exciter le mécontentement du ministre des Finances. Il le traduisit
par une lettre fort sèche à Mathieu (1).
Celui-ci porta mieux le coup quand, le 17 novembre, il fut en possession des réponses
officielles favorables à ses questions préma-
turées.

A des degrés divers, les puissances pro-
mettaient leur concours : la Russie, avec
enthousiasme, car elle sentait le péril révolutionnaire ; — l'Autriche, avec restrictions,
car elle entendait ne risquer ni un soldat, ni
un écu ; — la Prusse, avec regret, ne pouvait
faire autrement, et « sa jalousie frémissait
au seul bruit d'un développement de la force
militaire de la France (2) ».

(1) 8 novembre 1822. — *Correspondance* du comte DE
VILLÈLE, III.
(2) Mémoire du duc de Rauzan au comte de Villèle, novembre 1822.

L'Angleterre, au contraire, faisait absolument bande à part. Son nouveau « Premier », Canning, aurait plutôt accentué la ligne de non-intervention à laquelle Londonderry, favorable à M. de Metternich, était déjà acquis, et il avait donné des instructions formelles en ce sens à lord Wellington partant malade (il le disait) et mécontent (il le montrait) pour Vérone.

A son passage à Paris (20 septembre), il s'était présenté avec empressement chez M. de Villèle et l'avait fortement dissuadé et même voulu effrayer de toute action en Espagne. Il s'appuyait sur sa connaissance personnelle du pays, rappelant qu'il parlait par expérience des difficultés de la guerre de l'Indépendance, dont cependant il était sorti vainqueur. Il niait tout danger réel de la révolution en dehors de la Péninsule. Il se flattait de réduire la question à une querelle particulière, voulait empêcher tout effort commun des puissances européennes, sauf trois cas spécifiés :

A. Violences contre la personne de Ferdinand ;

B. Invasion de la France ;

C. Changement de dynastie.

Accidents que le flegme anglais « ne voulait pas prévoir ». M. de Villèle le « laissa aller » ainsi pendant une conversation de deux heures, ne s'engageant à rien, calmant les pronostics pessimistes, se bornant à affirmer que, pour défendre sa sécurité, la France serait en mesure (1).

Wellington partit, éclairé sur cette volonté, mais ignorant des moyens qui la pourraient servir. Villèle demeura méfiant sur les projets de l'Angleterre, mais prêt à les rendre vains. Il craignait qu'elle ne se séparât de l'Alliance des grandes puissances pour se réserver des avantages personnels.

Songez, écrivait-il à Mathieu, à ne pas laisser Londres recueillir les fruits des désordres de l'Amérique (les colonies espagnoles) durant que nous serions à nous échiner en Europe (2).

Et il insistait sur les dangers de cette politique louche et égoïste :

Je ne vais pas jusqu'à soupçonner que le but de l'Angleterre soit de perpétuer l'anarchie et le désordre actuel dans la péninsule; mais elle veut s'approprier l'influence sur le gouvernement espagnol, d'abord pour l'exploiter à son profit, ensuite

(1) M. de Villèle à M. de Montmorency, 22 septembre 1822.
(2) *Id.*, 17 octobre 1822.

pour nous empêcher d'y en avoir, enfin pour tenir tête sur ce point à la Russie, comme elle l'a fait dans l'Orient (1)...

Les soupçons étaient-ils si mal fondés?

La presque totalité des emprunts des Cortès était souscrite entre les mains des Anglais qui eussent perdu leurs avances en cas d'une contre-révolution en Espagne. Aussi, tout bruit d'une guerre troublait-il la quiétude de leurs banquiers. M. Canning, qui s'inspirait des fluctuations de la Bourse de Londres comme M. de Villèle suivait celles de la Bourse de Paris, s'était plaint, lors de la baisse de la rente française, du ton belliqueux de certains de nos journaux et du silence officiel du cabinet des Tuileries à les démentir. M. Stuart, son ambassadeur, récriminait aussi sur nos armements à Brest, à quoi la riposte fut facile en signalant l'escadre anglaise partie des ports de Plymouth pour le golfe du Mexique.

Mais il y eut, de notre côté, un fait plus grave à évoquer.

Sans attendre les décisions du Congrès de Vérone, auxquelles ils feignaient de se mon-

____

(1) M. de Villèle à M. de Montmorency, 14 novembre 1822.

trer indifférents, les proclamant inutiles, les Anglais négociaient sous main un traité de commerce avec les Cortès, qui en délibérèrent dans une séance secrète le 15 novembre. Averti, M. de Villèle faisait aussitôt remettre au ministère britannique une protestation énergique. Il montrait :

Qu'en dépit de pareilles circonstances, une négociation séparée avec l'Angleterre aurait pour résultat infaillible de donner aux principes qui dirigent aujourd'hui le gouvernement espagnol un appui moral dont les conséquences sont faciles à apprécier (1).

Canning s'empressa de reculer, arguant de la loyauté de son gouvernement et de la pureté de ses intentions personnelles. En tout cas, la tempête n'éclaterait pas, le nuage était percé avant de se reformer encore sous des vents d'orage.

Portant seulement sur des gens plus faibles sa mauvaise humeur, dès le mois de décembre, le cabinet de Saint-James demandait à celui de Madrid à occuper l'île de Cuba, en garantie du payement des dommages de guerre dus aux sujets anglais, et

(1) VILLÈLE, III, 247. — NETTEMENT, *Histoire de la Restauration*, VI, 307.

la cessation du blocus des côtes du Mexique. Madrid fut obligé de céder et d'accorder 40 millions de réaux pour ces indemnités.

Si la France avait émis pareille prétention, de quel impérialisme, si le mot était employé déjà, ne l'eût-on pas accusée !

Sans se mettre en peine des diplomates ou des parlementaires, pendant ce temps, Espoz y Mina, l'ancien chef de guerillas, à la tête des « Constitutionnels », poussait vivement « l'Armée de la Foi » en Catalogne et en Cerdagne, dispersait les troupes royalistes de Navarre, passait au fil de l'épée, dans les villes prises d'assaut, ses compatriotes qui lui avaient résisté, fusillait les moines après avoir incendié les couvents, rasait jusqu'aux fondements les forts dont il s'était emparé, après quoi, proclamait une amnistie. La lutte devenait véritablement fratricide ; on en peut donner comme exemple et comme symbole ce combat du 17 novembre 1822, aux environs d'Estela, où le général Charles O'Donnell, l'épée en main, lutta contre son propre frère qui l'obligea à se retirer en déroute, dans les neiges de la montagne.

La Régence se perdait en querelles, abandonnait Urgel, fuyait Puycerda, traversait

le Val d'Andorre et se réfugiait à Bayonne.
L'orgueil des Cortès s'en exaltait d'autant,
et se traduisait par les plus violentes fanfa-
ronnades à la tribune.

*
* *

Au loin, M. de Montmorency s'en montrait
excédé. Il avait quitté Vérone le 22 novembre. Arrivé à Paris le 30 avant huit
heures du soir, il recevait, au débotté, la vi-
site de M. de Villèle qui le venait voir avec
une amabilité empressée ; et à neuf heures
vingt, il entrait lui-même aux Tuileries chez
le Roi. L'accueil fut tout gracieux. Après
les compliments, pour donner une marque
sensible à ce contentement, le lendemain,
Louis XVIII, à la réception après la messe,
devant toute la Cour, appelait bien haut son
ministre du titre de *monsieur le duc;* en
même temps que le *Moniteur* publiait cette
ordonnance datée du 1er décembre : « Notre
amé et féal vicomte Mathieu de Montmorency est créé Duc à la charge de se retirer
devant notre Garde des Sceaux, pour obtenir
nos lettres patentes, sur ce nécessaires. »

Le succès (1), c'était de rapporter l'adhésion formelle de l'Autriche, la Russie, la Prusse, au cas où la France serait amenée à une intervention armée en Espagne. L'ombre au tableau, c'était de paraître formuler un ultimatum qui conduirait, fatalement, à cette intervention.

M. de Montmorency ne s'effrayait pas d'un secours direct porté au roi Ferdinand. M. de Villèle voulait avant tout éviter le conflit, mais jugeant bien de la tournure que prenaient les événements, très sagement il se mettait en garde : au budget de la guerre, il avait demandé qu'on ajoutât 30 millions et à l'effectif 30 000 hommes. Par M. de Martignac, rapporteur, il faisait voter à la Chambre des disponibilités pour des dépenses éventuelles d'armement et s'assurait dix-huit mois à l'avance des provisions financières, — un crédit de 100 millions. Sans bruit, il faisait renforcer les bataillons que, depuis six

(1) Il enregistrait bien un succès l'acte que Chateaubriand, témoin peu indulgent, caractérisait ainsi : « Il est tout entier en notre faveur. Nous voilà parfaitement en sûreté contre la guerre, si elle doit éclater, en même temps que nous restons les maîtres de l'attendre et que rien, dans les engagements de l'Alliance, ne nous oblige à la déclarer. » — *Congrès de Vérone*, XXIX.

mois, nous tenions échelonnés le long de la
frontière comme une barrière protectrice
contre la fièvre jaune qui sévissait de l'autre
côté des Pyrénées ; et les troupes du « cordon sanitaire » étaient maintenues comme
« corps d'observation ». Pour la sécurité de
l'ordre intérieur, il prolongeait aussi la fa-
culté gouvernementale d'user de la censure
établie à la suite des complots et procès
politiques qui agitaient la France depuis
l'hiver.

Et il trouvait dans l'adhésion du pays la
récompense de sa sagesse, la confiance en
son loyalisme, puisque, sur 51 élus, l'opposition n'obtenait qu'à grand'peine 6 députés, le 13 novembre.

Ces résultats tranquillisaient son esprit,
mais ne lui rendaient pas moins suspectes les
affaires d'Espagne qu'il appelait « une dia-
bolique question ». Être l'arbitre de l'Europe n'allégeait pas le poids de la responsabilité. « Je ne puis être séduit, disait-il, par
l'apparence de tant d'honneur. »

Le Roi pesait les choses et attendait la fin
du Congrès où M. de Chateaubriand était
resté à Vérone, sinon le plus ancien ambassadeur de nos plénipotentiaires (c'était

M. de Caraman, à sa vive jalousie), du moins le plus en vue.

Il envoyait aussitôt des notes pessimistes :

Tout ce qui se fait ici ne plaît à personne. La France a la main forcée. La Russie trouve que l'on ne va pas assez loin; l'Autriche n'a marché que pour ne pas rompre avec la Russie; la Prusse craint le moindre mouvement et l'Angleterre déclare qu'elle s'oppose à tout (1).

Et il ajoutait, pour se dégager du passé, tout en se préparant l'avenir : « J'aurais voulu mieux servir le Roi ici; mais en seconde ligne, on ne peut avoir que du zèle. »

Pour démontrer qu'il possédait cette qualité, — un défaut aux yeux de Talleyrand, — il multipliait les courriers, confiant ses missives à tous ceux qui partaient, tantôt à Ouvrard, tantôt à Rothschild, ou (ce qui était plus naturel) à la cohorte de « jeunes gens » attachés de cabinet : de Lalot, Fitz-James, Flavigny, Lagrenée, Castelbajac.

Mais sur place, pour mieux succéder à Mathieu de Montmorency, il s'efforçait d'entrer dans l'intimité de l'empereur Alexandre : « Nous ne nous fûmes pas plus tôt vus en

_____

(1) A M. de Villèle, 28 novembre 1822.

face un quart d'heure, que nous nous plûmes (1). » Il écrivait à Villèle de la façon la plus désinvolte : « Je suis bien aise d'avoir assisté à ce Congrès : cela complète mes études politiques. » Comme pour démentir cette science acquise, il lui transmettait des projets d'opéra-comique : faire prendre la cocarde espagnole aux troupes françaises, pour franchir les Pyrénées ! Pratiquement, il se préparait un plus grand rôle personnel :

La France donnera encore des lois à l'Europe quand elle sera bien conduite. Nous causerons à fond de tout cela, et j'ai pris des notes qui nous seront utiles.

Le 16 décembre, il quitta Vérone, en même temps que les souverains, marchant, dans sa pensée du moins, d'un pas égal. Il arriva en poste à Paris.

Il y trouva le ministre des Affaires étrangères fort décidé à arrêter les révolutionnaires espagnols dont les menaces mettaient en danger les jours du roi Ferdinand ; le président du Conseil, au contraire fort perplexe, tenant en main les notes pressantes des trois puissances et persuadé que, s'il

(1) *Congrès de Vérone,* XXXII.

s'en faisait l'écho, il pourrait au fond jouer le jeu de l'Angleterre qui tirerait seule, alors, les avantages de la situation, sans risque militaire et sans bourse délier. L'incident du traité de commerce avait irrité sans doute sa réserve prudente, et par des instructions très fermes, il avertissait notre chargé d'affaires à Londres, le comte de Marcellus, des prétentions de « ces marchands insulaires », mais il hésitait encore à envoyer à M. de Lagarde, notre ambassadeur à Madrid, la juste protestation qui eût rompu la fiction de la paix.

De Vérone, M. de Montmorency n'avait pas laissé sans instructions notre agent, le tenant au courant des intentions des puissances groupées derrière la France, l'exhortant à faire comprendre au gouvernement espagnol qu'un esprit de sagesse lui était nécessaire, dans ses propres intérêts.

Il fallait sortir de l'indécision, car une lettre de M. de Metternich demandait que les démarches distinctes fussent concomitantes pour garder toute leur force. La réponse devenait nécessaire. Ce fut l'objet unique du Conseil des ministres tenu le dimanche 23, dans l'appartement de M. de Lauriston.

Le duc Mathieu donna le résumé de toute l'affaire, estima qu'un langage ferme effrayerait les révolutionnaires et conclut à l'intervention immédiate de la France, la guerre dût-elle l'être aussi. Tous ses collègues, après de longs développements, adoptèrent son avis. Le président avait écouté silencieux, il devait parler le dernier.

« Mon opinion est tout à fait différente », dit-il ; et il s'expliqua :

Le départ de notre ambassadeur suivra nécessairement une démarche comminatoire, menaçante. Cette rupture, c'est la guerre, à quoi l'opinion publique est hostile et notre crédit peu préparé. C'est la sécurité matérielle du roi Ferdinand compromise. C'est l'abandon du cabinet espagnol à l'influence du gouvernement anglais, dont l'ambassadeur resterait accrédité auprès de lui. Il convenait donc de surseoir à l'envoi de toutes ces notes, surtout de la nôtre. Toutefois, il avait rédigé un projet de dépêche assez incolore, dont il donna lecture, qui exposait les principes, sans conclusion ferme.

Ce texte ne rallia pas les suffrages, même de son ami intime, M. de Corbière.

Après un silence de quelques minutes,

M. de Villèle reprit assez sèchement : « Messieurs, je rendrai compte au Roi ; il donnera ses ordres, et je vous les rapporterai. » Il se leva, sortit seul, le premier, sans prendre aucune part à ces causeries amicales qui terminaient d'habitude les réunions.

Le soir, Mathieu avait un grand dîner diplomatique : il ne le décommanda point. Le lendemain, il se rendit, pour les affaires courantes de son département, chez le Roi qui n'aborda pas la principale, mais recula au lendemain, 25 décembre, le Conseil extraordinaire où elle serait traitée, voulant réserver à ses devoirs religieux le jour de la vigile de Noël ; Mathieu ne pouvait que s'incliner devant ce « motif respectable » ; il mit ses soins à calmer l'impatience inquiète des ambassadeurs étrangers, tout en rédigeant, pour M. de Lagarde, les instructions qu'on lui aurait éventuellement envoyées. On tint un simple Conseil de cabinet dans l'après-midi ; chacun y apportait une contenance assez embarrassée, même l'excellent Corbière, parce qu'il avait fait le matin sans succès une démarche instante auprès de son ami Villèle. Celui-ci présida avec calme et développa, avec sa lucidité d'esprit habituelle, tout un plan général de finances fort séduisant et un projet de budget qui, moyennant que la paix fût maintenue en 1823, présentait un excédent de recettes de 30 millions. Il comptait certainement sur la puissance d'un tel argument, le plus fort à ses yeux.

Tout le jour, M. de Montmorency garda une réserve absolue vis-à-vis de ses collègues, de ses amis, de sa famille, des princes à qui il alla faire sa cour aux Tuileries ; il se rendit aux offices de cette nuit solennelle prier Dieu « que tout fût pour sa plus grande gloire et le plus grand bien de la France ».

Le jour de Noël, à une heure, les ministres entraient chez Louis XVIII. Il ordonna au ministre des Affaires étrangères de parler le premier.

J'ai sous les yeux la feuille de papier sur laquelle, avant de se rendre à ce « Conseil décisif », M. de Montmorency avait jeté ses notes. Il demanda que l'on mît d'accord les actes avec les paroles prononcées au Congrès de Vérone, représentant le grand intérêt de l'union de toutes les puissances et l'urgence de cette décision commune. M. de Villèle reproduisit, d'une façon laconique, son opinion, donna lecture de son projet de dépêche à envoyer à Madrid, puis ramassant dans son portefeuille tous ses papiers, en plaça un seul, plié en quatre, en évidence devant lui. Le Roi, qui avait écouté avec une extrême attention, résuma les propositions formulées pour conclure : « Je me décide pour l'avis de M. de Villèle. » Il ajouta à l'instant même : « Le Conseil est levé. » Et fit le signe de la retraite.

Il était à peine rentré dans son intérieur, tous les ministres debout n'avaient pas encore ouvert les portes extérieures du grand cabinet que M. de Villèle leur dit : « Messieurs, je sens la grande responsabilité que le Roi m'impose par la décision qu'il vient de prendre. Je crois qu'il est nécessaire de nous voir. » Un quart d'heure après, on était réuni chez M. de Lauriston, retenu par la maladie dans son hôtel. Un certain embarras régnait entre des hommes habitués à des rapports plus agréables ensemble. M. de Villèle relut sa note ; on s'empressa d'y remarquer et d'y louer des changements dans le sens de la fermeté, presque une mise en demeure. Le duc Mathieu de Montmorency déclara qu'un dépit de vanité ne saurait le déterminer, mais qu'il craindrait de mal appliquer une politique différente de celle qu'il avait soutenue devant toute l'Europe et qu'il était donc décidé à prier le Roi d'accepter sa démission. Ses collègues se récrièrent. M. de Villèle y ajouta des politesses, mais avoua qu'il avait eu la même intention, le cas échéant, car ce papier posé sur son portefeuille, c'était sa démission préparée et écrite à l'avance. Après cet assaut de dignité et de franchise, il n'y avait qu'à prendre les ordres de Sa Majesté.

Qui succéderait à M. de Montmorency?

Dès le 26 au matin, M. de Chateaubriand s'était présenté chez lui, apportant ses condoléances et proclamant que son amitié refusait l'héritage qu'on lui offrait. Cependant, il se laissait convaincre le 27 et, le 28 décembre, il acceptait par ce billet au président du Conseil : « J'obéis aux ordres du Roi, mon cher ami. Vous voilà payé de votre fidélité pour moi. Je viens loyalement à votre secours. Mais je n'augure pas bien de ma position. Cela dépendra de vous (1). »

Il lui restait à s'expliquer avec Mathieu (2).

____

(1) *Mémoires et Correspondance* du comte DE VILLÈLE, III, 285.

(2) Il y avait aussi entre eux, sur le terrain de l'intimité,

Une lettre chaleureuse l'assura que son successeur voulait marcher sur ses traces, qu'il lui gardait le portefeuille, heureux de le lui remettre un jour. Cette dernière phrase parut à M. de Montmorency manquer de mesure.

« Je répondis que M. le vicomte de Chateaubriand n'avait pas à s'excuser auprès de moi ; que je m'en rapportais à nos amis communs et au public pour apprécier le sacrifice de son obéissance (1). »

Il quitta Paris ; *le Moniteur* inséra en même temps la démission et la nomination. Le 1er janvier, M. de Chateaubriand était installé, s'appuyant sur le crédit de M. de Villèle avec beaucoup d'adresse : « Mon sort politique est lié au vôtre ; je reste ou je tombe avec vous. »

Le chancelier Pasquier dans ses *Mémoires* (2) s'étonne, au contraire, que M. de Villèle ait appelé au ministère « un homme qu'il était plus dangereux de subir que de combattre » ; il souligne les inconvénients de

une rivalité plus délicate où l'amitié d'une femme aimable n'était pas étrangère. On en trouvera l'expression discrète dans les premières pages du tome second des *Souvenirs* de Mme Récamier.

(1) Papiers manuscrits de M. de Montmorency.
(2) V, 463.

se donner un tel collègue, à cause de « ses
prétentions de toute nature, le peu de sûreté
de son commerce, le besoin de faire de l'effet, son amour-propre intraitable, son incu-
rable versatilité, ce caractère d'*homme de
lettres*, et la nuée de journalistes qu'il traînait
à sa suite ».

Ces défauts existaient, mais le sens patriotique de Chateaubriand allait les dominer, et
son mérite sera d'appliquer et de fondre en
une seule les deux politiques en présence. Il
y mettra seulement un talent déclamatoire
moins agréable que la loyale droiture de
M. de Montmorency ou la ferme clarté de
M. de Villèle.

CHAPITRE III

Agitation des esprits en France. — Les royalistes sou-
haitent l'intervention en Espagne, les libéraux s'y
opposent. — Rodomontades du ministère espagnol.
— Louis XVIII décide l'envoi de nos troupes. —
Colère de l'Angleterre. — L'opposition parlementaire
à Paris. — L'expulsion du député Manuel du Palais-
Bourbon. — Le Parlement vote les crédits nécessaires
à l'expédition.

De fait, on se trouvait en face de deux
courants d'opinion poussés chacun par des
raisons valables.

Logiques dans leur thèse, les royalistes
pensaient au devoir de secourir un Bourbon
en danger, à la nécessité d'arrêter chez nos
voisins le torrent révolutionnaire qui menaçait de grossir le nôtre, au droit pour la France
de maintenir son honneur et sa sécurité.

Mais beaucoup se contentaient de l'hypo-
thèse : ceux-là avaient peur de se jeter dans
un guêpier, ils s'effrayaient d'une expédi-

tion incertaine, suivie, en cas de succès, d'une longue occupation coûteuse.

Ils se souvenaient de notre échec dans la Péninsule, de 1809 à 1813 ; allions-nous réussir avec une armée travaillée par les Loges, là où avait échoué Napoléon ?

Et puis, quelles dépenses à envisager !

Ils ressentaient la juste crainte de paralyser pendant tout ce temps les affaires ; déjà les banquiers parlaient de fermer leurs guichets ; au mois de novembre 1822, comme se terminait le Congrès de Vérone, les soieries et les étoffes de Lyon baissèrent de 10 pour 100 ; au moindre bruit de guerre, les assurances atteignaient des prix fous ; les chambres de commerce signaient des adresses alarmées.

Des deux côtés des Pyrénées, une analogie irritante existait entre les querelles politiques. Nous avons dit combien les royalistes français épousaient la cause des royalistes espagnols, confondant les droits des deux trônes où étaient assis deux Bourbons.

Les partisans de la Charte « octroyée » de Louis XVIII éprouvaient des sympathies pour la Constitution imposée à Ferdinand VII. Les acquéreurs de biens nationaux ne voyaient pas d'un mauvais œil le dépouillement du clergé espagnol. Les députés libéraux du Palais-Bourbon usaient eux-mêmes de la rhétorique des Cortès ; la jeunesse turbulente de nos écoles applaudissait très volontiers aux émeutes des miliciens de Madrid.

Ces similitudes faisaient plus vive en France l'émotion, et Béranger traduisait les craintes de ses amis en rimant les couplets les plus venimeux de ses insolentes chansons :

> *A la fin d'la campagne,*
> *Nous s'rons tous étonnés*
> *Qu'en enchaînant l'Espagne*
> *Nous nous s'rons enchaînés* (1).

Ceci était le gros vin versé au peuple et aux « demi-solde » ; les esprits plus affinés demandaient une boisson moins épaisse ; et quand ils avaient de la réflexion dans la pensée, ils comprenaient mieux les intérêts et le rôle de la France. Ce fut le cas d'Adolphe Thiers.

En 1822, il débutait dans la vie et son acti-

(1) Dans la pièce : *Nouvel ordre du jour*, où Béranger engage nos soldats à faire « demi-tour » !

vité y cherchait sa place. Ce jeune journaliste marseillais appartenait naturellement à la plus vive opposition. Il obtint d'être chargé d'une mission par *le Constitutionnel* et d'aller sur place, voir — en reporter — ce qui se passait.

Je partis, a-t-il dit, longeant les Pyrénées de Perpignan à Bayonne; je visitai les cantonnements de l'armée d'observation. Partout, les soldats aussi bien que leurs officiers brûlaient du désir d'avancer; ils étaient enchantés par la perspective de faire enfin campagne; pas un ne s'inquiétait des scrupules libéraux et, quand je leur en parlais, ils riaient même de tout leur cœur.

A son retour, Adolphe Thiers consigna ses observations dans un petit livre (1) : *Les Pyrénées et le Midi de la France pendant le mois de novembre et de décembre* 1822. Peut-être ne s'y montrait-il pas aussi perspicace, aussi impartial et aussi « antilibéral » qu'il le prétendit plus tard (2), mais il avait vu de

(1) Publié chez Ponthieu, en 1823.

. (2) M. Thiers aimait à se faire honneur de sa prescience politique et il s'en vantait dans une conversation, en 1864, avec Hilaire de Lacombe. Nous trouvons ces confidences instructives dans les *Souvenirs* sur son frère Charles (le futur député du Puy-de-Dôme à l'Assemblée nationale), publiés par le comte Bernard DE LACOMBE dans le *Correspondant* du 25 septembre 1922.

ses yeux les choses et son bon sens avait le courage de le dire :

Je soutenais que la France devait veiller à maintenir en Espagne un gouvernement armé et qu'on ne pouvait à cet égard abandonner la politique de Louis XIV. J'ajoutais que je ne croyais pas à la résistance espagnole et que nos troupes, lassées d'une activité prolongée, saisiraient avec joie l'occasion de rentrer en scène et d'y recueillir de la gloire.

A cent ans de distance, nous sommes simplistes et ne considérons que deux doctrines en opposition. En fait, des intérêts plus complexes et plus immédiats commandaient les pensées et les paroles.

M. de Sesmaisons écrivait à son ami de Barante, le 4 octobre 1822 :

« On parle sérieusement de la guerre d'Espagne. Il faut voir comment chacun en raisonne, selon qu'il a un parent à faire tuer ou un fils à conserver, selon qu'il espère avoir des fournitures ou qu'il craint la baisse des fonds. »

Et le baron de Barante, à son tour, a déclaré dans ses *Souvenirs* (1) : « C'était en toute sincérité que nous nous opposions à

(1) III, 74.

la guerre d'Espagne. » Depuis, il a reconnu, non moins loyalement, l'erreur qu'il commettait ; il montre « le parti libéral prévoyant ce qu'il aurait à faire quand surviendrait la catastrophe dont il ne doutait pas », il nous découvre le tableau révélateur de ces politiciens voulant faire leur profit de la défaite qui leur paraissait réservée à l'intervention. Le prince de Talleyrand et le maréchal Soult étaient les chefs de l'intrigue qui tenait ses assises dans le salon d'une vieille comtesse de Bourke, ancienne actrice, veuve d'un diplomate danois. Ils imaginaient déjà de placer le duc d'Orléans sur le trône, qu'ils auraient alors entouré. Sans ignorer ces projets obscurs, Guizot, le duc de Broglie, Casimir-Perier ne s'y mêlaient point. Les assidus de la réunion, c'étaient les généraux Sébastiani, Foy, Belliard, des politiques comme Molé, Dalberg, le financier Laffite, Stanislas de Girardin.

*
* *

Au milieu de ces écueils, Villèle et Chateaubriand surent mener la barque ministérielle.

Le président du Conseil avait mis un grand empressement à donner le coup de barre selon sa boussole ; dans l'intervalle des vingt-quatre heures qu'il géra par intérim le ministère des Affaires étrangères, il apprit au public la décision du Cabinet, avant même d'en instruire les ambassadeurs surpris et anxieux de cette réponse, sans attendre que Chateaubriand, titulaire du portefeuille, prît ce soin. Et le même jour (26 décembre), sous sa signature, il fit insérer au *Moniteur* tout ensemble : la démission de M. de Montmorency, la nomination de son successeur, et la fameuse note adoptée par le Roi.

Le soir même, un courrier partait la porter à M. de la Garde.

Amendée dans le sens de l'énergie, elle résumait très bien les principes et les faits.

...Une constitution que le roi Ferdinand n'avait ni reconnue ni acceptée en reprenant la couronne lui fut imposée par une insurrection militaire. La conséquence naturelle de ce fait a été que chaque Espagnol mécontent s'est cru autorisé à chercher par le même moyen l'établissement d'un ordre de choses plus en harmonie avec ses opinions et ses principes. L'emploi de la force a créé le droit de la force.

...De cet état de trouble de la péninsule est résultée

pour la France la nécessité de se mettre à l'abri.

...Les précautions de la France ont paru justes à
ses alliés.

...La France ne se relâchera en rien des mesures
préservatrices qu'elle a prises tant que l'Espagne
continuera d'être déchirée par les factions.

...Elle cherchera ses garanties dans des mesures
efficaces, si elle perd l'espoir d'une amélioration
qu'elle attend des sentiments qui ont si longtemps
uni les Espagnols et les Français dans l'amour de
leurs rois et d'une sage liberté.

La note française fut présentée au cabinet
espagnol le 4 janvier. Le 6, arrivaient les
notes de Vienne, Saint-Pétersbourg et Berlin, moins réservées, plus oratoires.

Les journaux de Madrid les publiaient avec
des railleries. A leur lecture, une grande effer-
vescence s'éleva aux Cortès : « Vive la souve-
raineté espagnole ! Mort aux tyrans ! » —
Arguelles fit entendre les accents les plus
pathétiques, prédisant que tout soldat étranger qui mettrait le pied en Espagne n'en
sortirait pas vivant. En descendant de la
tribune, il fut reconduit en triomphe à sa
maison et, le soir, on lui donna une séré-
nade.

Les ambassadeurs autrichien, prussien et
russe demandèrent leurs passeports et re-

çurent du ministre espagnol les réponses suivantes :

A L'AMBASSADEUR DE PRUSSE

Monsieur, me bornant à vous dire que les vœux de S. M. Catholique pour le bonheur des États prussiens ne sont pas moins ardents que ceux manifestés par S. M. le roi de Prusse envers l'Espagne, je vous remets ci-jöints les passeports que vous me demandez.

A L'AMBASSADEUR DE RUSSIE

Monsieur, j'ai reçu la note peu convenable que Votre Excellence m'a fait parvenir ; elle a abusé scandaleusement du droit des gens. Je lui remets les passeports qu'elle m'a demandés, en espérant qu'elle voudra bien quitter cette capitale dans le plus bref délai possible.

A L'AMBASSADEUR D'AUTRICHE

Monsieur, il est indifférent au gouvernement de S. M. Catholique de maintenir ou non des relations avec la Cour de Vienne.

Madrid, le 11 janvier 1823.

ÉVARISTE SAN MIGUEL.

Vis-à-vis de M. de la Garde, on fut moins laconique, mais on lui déclara qu'on n'entrerait pas « dans l'analyse des instructions *amphibologiques* qu'il avait remises ». La conclusion était fort simple : Mêlez-vous de vos affaires.

Ces arrogances s'écartaient du style diplomatique. Il y fallait répondre autrement que par des papiers de chancellerie : la légation française quitta Madrid le 30 janvier.

Dans les deux pays, la presse jetait de l'huile sur le feu. Les journaux madrilènes se chargeaient de sarcasmes, de menaces et d'insultes. A Paris, le ton des polémiques montait chaque matin : La Mennais, dans *le Drapeau blanc*, lançait ses flèches à M. de Villèle ; la *Gazette de France* daubait les libéraux français sur le dos des libéraux espagnols ; *la Quotidienne* blâmait M. de Chateaubriand que soutenait le *Journal des Débats*. — *Le Courrier* et *le Constitutionnel* multipliaient les critiques, accumulaient les soupçons, sonnaient l'alarme, prenaient à partie chaque ministre, menaçaient, raillaient, se dérobaient.

On attendait, dans la fébrilité, la session du Parlement convié pour le 28 janvier. Louis XVIII l'ouvrit au Louvre, avec un grand apparat, en présence d'une affluence énorme. Il prononça avec majesté les paroles décisives :

J'ai tout tenté pour garantir la sécurité de mes peuples et préserver l'Espagne elle-même des derniers malheurs.

...Cent mille Français sont prêts à marcher, en invoquant le Dieu de saint Louis, pour conserver le trône d'Espagne à un petit-fils de Henri IV, préserver ce beau royaume de sa ruine et le réconcilier avec l'Europe.

C'était à moi de délibérer, je l'ai fait avec maturité, j'ai consulté la dignité de ma couronne, l'honneur et la dignité de la France.

Nous sommes Français, Messieurs, nous serons toujours d'accord pour défendre de tels intérêts.

Une immense acclamation salua ces paroles vraiment royales. La fierté française se retrouvait sans hésitation ni mélange pour présenter au pays et à l'Europe le spectacle toujours imposant de l'Union sacrée. Malheureusement l'enthousiasme est le sentiment qui offre le moins de chance de durée. Il s'affaiblit au premier vent des difficultés. Les passions politiques soufflèrent bientôt en orage et, assoupies pour une heure, s'étant réveillées, commencèrent leur besogne dès la séance d'ouverture de la Chambre des pairs, le 3 février, de la Chambre des députés, le 8.

Tout devint prétexte utile : la vérification des pouvoirs, la nomination des bureaux, les termes de l'Adresse, votée cependant à une grande majorité, après des discussions passionnées sur chaque mot et chaque adjectif.

La tactique de l'opposition était, pour maintenir coûte que coûte la paix, de soulever l'effroi. L'opinion agitée, à la Bourse du moins, semblait lui donner raison, puisque aux premiers soupçons d'une expédition armée, le 5 pour 100 tombait d'un coup à 76 francs, pour conserver des oscillations déconcertantes.

On eut des indignations de commande en faveur du principe de non-intervention, de la liberté des peuples ; on fut moins soucieux de celle des rois dont Chateaubriand prenait assez à propos la défense, quand il montrait à quoi se réduisait celle de Ferdinand, « voyageant entouré de ses geôliers, au milieu des soldats législateurs qui vont l'enfermer dans une forteresse ». — Ce qui semblait ironie était l'exactitude même.

On développa des arguments de sentiment bien plus que des raisons sérieuses. Des généraux comme Sébastiani et Foy n'admettaient pas qu'on pût connaître la victoire dans un pays où leurs troupes avaient essuyé la défaite ; et le dernier, meilleur soldat que bon prophète, multipliait les avertissements et aussi les anathèmes contre une guerre « absurde, sans justice et sans morale, sans profit et sans gloire, occulte et souterraine, bientôt européenne ». Déjà il annonçait une retraite désastreuse, « digne couronnement d'une folle et coupable entreprise ».

Pour juger la fragilité de ces alarmes et aussi rendre hommage à la loyauté du géné ral Foy, il convient de citer, dès maintenant, les paroles qu'il prononça l'année suivante, le 28 juin 1824, sur des événements qu'il avait si mal appréciés :

La rapidité des opérations en Espagne et la plénitude du succès militaire ont trompé les prévisions de ceux qui ne voulaient pas la guerre, et ont surpassé les espérances de ceux qui l'avaient appelée de leurs vœux.

Fort bien. — Mais quelle revanche pour les royalistes « fous et coupables » qu'on avait si passionnément insultés !

L'extrême droite, en voulant se défendre

du reproche de fanatisme qui l'outrageait, ne se montrait pas plus équitable, quand elle accusait d'inertie, de lenteur, de duplicité les ministres « plus alarmés de la baisse des rentes que de la chute des couronnes (1) », et ayant hésité trop longtemps à soutenir « les deux causes sacrées de la foi et du malheur ».

M. de Villèle répondait bonnement que, pour lui, il aimerait mieux la paix, mais qu'il voulait la guerre parce qu'il la croyait urgente, l'état actuel de l'Espagne n'étant pas compatible avec l'honneur et la sûreté de la France.

Le prince de Talleyrand, qui avait pour maxime de ne jamais rien mettre entre l'occasion et lui, saisit celle qui se présentait pour essayer de dégager sa responsabilité dans les affaires d'Espagne d'autrefois, en 1808, quand (ce furent ses expressions) « appelé à dire mon avis par celui qui gouvernait alors le monde, j'eus le malheur de lui déplaire en lui révélant tous les dangers qui allaient naître d'une agression injuste et téméraire. — La disgrâce fut le prix de ma sincérité. »

Cette apologie personnelle, qui fit sensation par le caractère même de celui qui la

(1) M. Delalot.

formulait, se perdit dans le bruit de la dispute. Elle ne touchait pas au fond des choses.

En somme, l'Adresse au Roi, favorable au gouvernement, fut votée à la Chambre des pairs par 100 membres contre 28 et obtint, à la Chambre des députés, une majorité de 109 voix.

A peine sorti de cette passe d'armes un peu chaude, il fallut de nouveau engager le fer à propos d'un crédit éventuel de cent millions. La situation financière était excellente. Il y avait un excédent de recettes de 40 millions. Mais la nécessité de prévoir, de pourvoir à des préparatifs de guerre exigeait des fonds supplémentaires. C'était le bon sens, et un vote unanime pouvait répondre immédiatement à la proposition de M. de Martignac, chargé du rapport, qui les demanda.

Au contraire, commença (24 février) une des plus violentes campagnes parlementaires que l'on ait vues et qui devait durer tout un mois. On se grisa de paroles et de gestes ; l'exaspération, la colère, la fureur, la menace se heurtèrent ; l'écho en était chaque soir répercuté dans la rue, chaque matin avivé dans les journaux. La minorité, vaincue à l'avance, triompha du moins dans l'invective. Elle reprenait toutes les théories réfutées, en les exagérant, les traduisait en soupçons, en calomnies, en injures. Elle eut particulièrement le tort de tirer pour sa polémique des arguments dans les intérêts de l'étranger, et elle qui prétendait qu'une entente avec les « Cours du Nord » enchaînait la liberté des ministres, aurait voulu que le Cabinet des Tuileries prît le mot d'ordre du Cabinet de Saint-James.

L'Angleterre, en effet, à l'écart de l'accord européen, déjà dans un « isolement splendide », persévérait dans sa conduite personnelle.

Elle jugeait avantageux pour ses projets le silence sur la révolution espagnole, — et le Congrès de Vérone en avait dénoncé le danger.

Elle avait préparé secrètement avec ces révolutionnaires un traité commercial, — et nous avions éventé l'intrigue (1).

Elle avait offert sa médiation. — La France la repoussait.

(1) La correspondance diplomatique est fort curieuse sur ce point ; on y voit comment la France prenait l'Angleterre sur le fait et comment celle-ci se dérobait maladroitement. Aux Affaires étrangères, dépêches de M. de La Garde à M. de Villèle. *Espagne*, vol. 717 ; dépêches de M. de Marcellus à M. de Montmorency. *Angleterre*, vol. 615.

Canning avait fait proposer à M. de Villèle d'insérer « sans réserve » dans son journal *The Courier*, tous les articles explicatifs qu'il lui plairait d'envoyer sur les questions du jour (1). La malice pour connaître ainsi facilement nos différents points de vue fut écartée par un sourire de politesse.

Les fières paroles de Louis XVIII, à l'ouverture des Chambres, avaient porté au comble la colère du « Premier ». Dans des entretiens délicats, orageux même, M. Canning s'était plaint aigrement de ce ton belliqueux à M. de Marcellus, notre chargé d'affaires à Londres, qu'il appelait doctoralement : « Mon cher jeune homme » (2).

Aux Communes, tenues à moins de réserve, les orateurs démocrates avaient qualifié publiquement l'allocution royale de « dégoûtant discours ». — Un autre y voyait un acte d'infâme politique ; celui-ci stigmatisait l'hypocrisie du roi de France. Brougham, et on l'applaudissait, évoquait à la tribune l'ombre de Louis XIV pour rechercher dans le passé l'image du despotisme actuel de son descendant. Ainsi l'on multipliait à

(1) De Villèle, *Mémoires et Correspondance*, III, 280.
(2) De Marcellus, *La Politique de la Restauration.*

plaisir les souvenirs et les causes d'inimitié.

Pour mieux marquer le désaccord, tandis que les grandes puissances retiraient leurs ambassadeurs de Madrid, l'Angleterre y maintenait le sien, sir William A'Court, et le renforçait même (janvier 1823) d'un agent nouveau : lord Fitz Roy Sommerset, ancien officier de Wellington, ayant fait la guerre en Espagne sous l'Empire, contre nous. Bien qu'en ce temps-là, Castillans et Britanniques fissent entre eux, quoique alliés, assez mauvais ménage, toutes ces évocations de « chauvinisme » se renforçaient les unes les autres et, sorties des brouillards de la Tamise, venaient s'échauffer au soleil de Cadix.

L'opinion populaire du Royaume-Uni se prononçait instinctivement contre la France. Il y avait moins de dix ans, les deux nations se livraient encore par les armes une lutte archarnée, et à voir sous le spectre pacifique des Bourbons notre pays se relever si vite de ses malheurs, la vieille jalousie séculaire d'Albion trouvait un aliment nouveau. L'instinct, l'intérêt, le goût des ministres du roi George étaient de suivre ce courant ; ils éprouvaient du regret, peut-être maintenant que Napoléon était mort, d'avoir été pour quelque chose dans la Restauration.

Quand le duc de San Lorenzo, l'ambassadeur de Ferdinand (des Cortès, pour mieux dire), avait quitté Paris après le discours du roi Louis XVIII, il s'était rendu en Angleterre, et la populace de Londres, le *mob*, détela ses chevaux, et traîna sa voiture en triomphe ; en passant devant l'hôtel de l'Ambassade de France, elle jeta des pierres dans les fenêtres et de la boue sur les murs. Ce fut une petite émeute et un gros scandale, dont M. de Marcellus se tira avec esprit. Les autorités de la Cité étant venues offrir des excuses et le payement des réparations, notre chargé d'affaires leur répondit assez brièvement que les cent millions de crédit destinés à couvrir les frais imprévus de la campagne d'Espagne lui donneraient bien les moyens de remettre quelques carreaux cassés ; et que la boue serait séchée au jour prochain où l'armée française ferait son entrée dans Madrid.

Toutefois, les conversations avec le ministre Canning restaient aigre-douces. S'il échangeait avec Chateaubriand une correspondance politique de politesse, il essayait d'effrayer M. de Marcellus par de sombres pronostics. Notre jeune diplomate ne se laissait pas émouvoir. Il savait que Canning était un personnage imposé au roi George, subi par lui et resté très désagréable. Par ailleurs, il avait déjà assez expérimenté le caractère de nos voisins d'outre-Manche pour affirmer qu'ils se tairaient après avoir crié. Un mot de lord Westmoreland, membre du Cabinet, peignait la situation et l'éclairait :

« Vos troupes sont-elles en Espagne? Qui vous arrête? » Et M. de Marcellus de répondre courtoisement qu'il ne fallait pas désespérer d'un accord avec le Cabinet espagnol.

« Bah! Allez toujours. En 1821, le jour où se préparait dans le Parlement une motion violente en faveur des Napolitains, la nouvelle de la capitulation de Naples arriva et tout fut dit. »

Et Marcellus, bravant l'opinion de la rue, domptait l'opinion des salons. Il donnait une grande réception (7 mars), bien que les gens prudents le lui eussent déconseillé. Toute la société s'y pressa. Lord Wellington et M. Peel, lord Liverpool et lord Palmerston, le peerage et les beautés en vue et tous les hommes d'État en renom ; et Mlle Canning en personne, « sans s'inquiéter du Congrès de Vérone, dansa de tout son cœur, avec sa grâce ordinaire, avec tout ce qui dansait parmi les représentants des puissances continentales indistinctement (1) ».

Ces mondanités présentaient leur signification et leur réalité : en face d'une France forte, résolue, vis-à-vis d'une Espagne en désarroi, l'Angleterre maussade, hargneuse mais prudente, gardait malgré elle la neutralité. C'est tout ce qu'on était en droit de lui demander, bien qu'on eût pu espérer mieux.

Dans une politique moins personnelle, il eût suffi que la Grande-Bretagne se joignît aux autres Puissances pour rendre inefficace la résistance des Cortès ; son attitude isolée donnait au contraire un appui moral à la révolution, dont elle entendait tirer profit ; et Chateaubriand exprimait avec précision et clarté la conduite de la France quand il écrivait à M. de Marcellus :

Dites et répétez à M. Canning que nous voulons comme lui la paix, que l'Angleterre peut l'obtenir avant l'ouverture de la campagne, si elle veut tenir le même langage que nous et demander la liberté du roi. Mais ajoutez bien que notre parti est pris et que rien ne nous fera reculer.

(1) DE MARCELLUS, *La Politique de la Restauration.* — Archives Affaires étrangères. *Angleterre*, vol. 616.

On a vu, depuis, entre les deux pays, des positions analogues.

*
* *

Ces faits, diversement commentés du public, donnaient du courage à tous les « pacifistes ». Les arguments de non-intervention renforçaient la thèse de l'opposition sur les bancs de notre Parlement. Pour ou contre le crédit de cent millions, une centaine d'orateurs, au Palais-Bourbon, s'étaient fait inscrire. D'une proposition si simple, logique et nécessaire, la gauche parlait comme d'une « infamie »; tel était le diapason des mots.

Chateaubriand faisait ses débuts à la Chambre et au banc ministériel. Il se surpassa; des acclamations saluèrent sa péroraison, une page à retenir dans les fastes de l'éloquence française :

Il manquait peut-être encore quelque chose à la réconciliation complète des Français, elle s'achèvera sous la tente. Les compagnons d'armes sont bientôt amis et tous les souvenirs se perdent dans une commune gloire. Le roi a remis la garde du drapeau blanc avec une généreuse confiance à des capitaines

qui ont fait triompher d'autres couleurs. Eh bien,
ils lui apprendront le chemin de la victoire, il n'a
jamais oublié celui de l'honneur.

L'émotion était trop vive pour que l'on
pût combattre utilement cet appel à la réconciliation nationale, à l'union sacrée. Le
lendemain, 26 février, on apporta la riposte
réfléchie de la discorde et de la haine.

Le talent de Manuel s'en chargea.

Grand, élancé, le front large, l'œil mélan-
colique, la bouche caustique, très maître de
lui, adroit à piquer l'adversaire d'une main
assurée, sa parole distillait le fiel avec mesure
et laissait tomber lentement, d'une lèvre dé-
daigneuse, les sarcasmes qui envenimaient
la plaie. Il avait débuté avec éclat et s'était
révélé le seul orateur à la tribune des Cent-
Jours, habile à attirer l'attention par la per-
sonnalité des causes qu'il servait. On plaçait très haut la puissance de son éloquence.
Mais Cormenin, en faisant de lui un portrait
plein d'éloges, n'a pas manqué de remarquer
que parfois, dans la carrière des rhéteurs, « le
dégoût suit de près l'engouement (1) ». Ce
n'était pas sans surprise que l'on voyait ce

______

(1) TIMON, *Le Livre des orateurs.*

méridional des Basses-Alpes quitter ses compatriotes pour aller chercher un siège chez les Bretons et les Vendéens, et la singularité s'accentuait à constater que ce révolutionnaire devenait le représentant intangible de la « loyale Vendée ».

Tout de suite, Manuel porta l'attaque chez l'adversaire et au lieu de dire pourquoi les conspirateurs français étaient si sympathiques aux constitutionnels espagnols, — poussés des deux côtés par les Loges, ici les *Communeros*, là les *Carbonari*, — il parla de l'absolutisme, de l'Inquisition, des jésuites, et dressa l'image menaçante des rois frappés par leurs sujets, rappelant les échafauds de Charles Ier et de Louis XVI. Au milieu de l'agitation qu'il soulevait, froidement, il fit honneur à la Convention de son régicide, qu'il qualifia « la forme d'une énergie nouvelle ».

Des cris d'indignation interrompirent sa phrase et réclamèrent son rappel à l'ordre. Le tumulte déchaîné ne s'apaisa pas ; le président Ravez dut lever la séance.

Le soir, une lettre assez plate de Manuel insinua qu'il « n'avait pas insulté lâchement aux malheurs d'augustes victimes ». Mais le lendemain, l'insulteur se posait habilement en victime lui-même, montait de nouveau à la tribune, comparant la majorité de 1823 qui voulait lui couper la parole à la majorité de 1793 qui coupait les têtes.

Déjà, il ne s'agissait plus d'un individu. — Les passions politiques sont aux prises ; la colère surexcitée se déchaîne en violences réciproques ; Manuel n'est que le porte-drapeau de la révolte, l'un veut le défendre et l'autre l'abattre. On a perdu toute mesure. Et comme ses collègues réclamèrent l'expulsion du député, le général Foy crie que c'est un coup d'État, Dupont de l'Eure proclame que l'on a déchiré la Charte, Manuel parle sérieusement de verser « son sang généreux ».

La Chambre vota à une immense majorité la proposition disciplinaire d'Hyde de Neuville :

« M. Manuel sera exclu des séances pendant la durée de la présente session. »

Mesure d'ordre intérieur que le rapporteur avait bien expliquée avec la sagesse de ne pas aller plus loin : « Votre police est à vous, messieurs ; ceux qui vous succéderont auront la même prérogative. Le présent seul vous appartient, l'avenir sera à d'autres. Ne leur disons pas leur devoir, mais faisons le nôtre (1). »

Le scandale se prolongea ou plutôt fut habilement prolongé. Et le 4 mars, c'est la scène fameuse : Manuel, en costume, s'introduit au Palais-Bourbon, viole la consigne donnée, s'assoit à son banc, déclarant ne vouloir céder qu'à la violence et, entouré de ses amis, demeure dans la salle que les autres députés, à sa vue, viennent de quitter. Les huissiers l'invitent à sortir. Il refuse. Un détachement de gardes nationaux est appelé. Ces soldats-citoyens s'arrêtent tout impressionnés d'abord du silence de l'hémicycle désert, puis des apostrophes qui tout à coup partent du petit groupe qui est resté assis. La Fayette et Laffite s'exclament surtout en mots retentissants : déshonneur ! oppression ! ! souillure ! ! !

Au lieu d'exécuter l'ordre, le sergent qui commande le peloton reste immobile. Alors des applaudissements éclatent.

Le général Foy, qui avait cependant assisté à des combats plus périlleux, s'écrie dans son enthousiasme : « La Garde nationale se couvre de gloire ! »

______

(1) *Mémoires* d'HYDE DE NEUVILLE, III, 57.

Le chef des huissiers fait entrer un piquet de gendarmes que précède leur colonel, le vicomte de Foucault. Celui-ci s'approche de Manuel. « Je vous fais une dernière sommation, monsieur, et je serais désolé d'employer la force contre un député. Veuillez descendre.

« — Non, usez de la force. »

Un brigadier monte au banc de Manuel, lui met la main au collet. Celui-ci se lève sans résistance, suivi des membres de la gauche pêle-mêle au milieu des gendarmes. Le tumulte se prolonge jusqu'aux grilles. — « Manuel, demeuré libre, monta seul dans une voiture et se fit reconduire chez lui, comme un acteur, au sortir de la scène où il a achevé son rôle (1). »

M. de Barante, dont les sympathies étaient certainement alors pour Manuel, a écrit, à la réflexion : « Le public parisien ne reçut pas une impression profonde. Il n'y avait aucune inquiétude à concevoir pour M. Manuel ; on applaudissait à l'éloquence avec laquelle il s'était défendu. Mais quelques semaines après on ne pensa plus à lui (2). »

C'est là la vérité. L'agitation factice per-

(1) NETTEMENT, *Histoire de la Restauration*, VI, 439.
(2) *Vie politique de Royer-Collard*, II, 203.

sista quelques semaines. C'était un excellent moyen d'opposition contre les royalistes qui avaient traduit leur sincère indignation par un geste excessif, tout au moins malhabile ; et en somme, Manuel, faisant figure de proscrit, gardait ses avantages. En fait, on ne le revit plus jamais, et la manifestation qu'il avait voulu déchaîner ne se produisit qu'à ses funérailles.

Comme il arrive en pareil cas, on se divertit beaucoup de l'incident : les petits journaux, les petits théâtres, les brochures multiplièrent les lazzis, les jeux de mots, les épigrammes. Les salons s'agitèrent, ce fut la conversation du jour.

L'obscur citoyen mêlé, à sa surprise, à l'événement et transformé en héros, le sergent Mercier, débonnaire passementier de son état et marchand de bonnets de coton, était rayé, pour indiscipline, des contrôles de la Garde nationale, mais voyait sa modeste boutique (rue aux Fers, nº 30, près du marché des Innocents) se remplir de clients imprévus : des députés déposaient leur carte ou s'inscrivaient gravement sur un registre ouvert à cet effet ; de belles dames descendaient de leur voiture et entraient acheter des galons ; on organisa une souscription, comme pour les Grecs ; on envoya des cadeaux : bijoux, pièces d'argenterie, victuailles ; dans les vitrines des libraires, la lithographie du sergent Mercier faisait pendant au portrait du député Manuel. C'était le profit et la gloire. C'était aussi plus qu'il n'en fallait pour tourner la tête de ce petit bourgeois, personnage né du théâtre de Labiche.

Puis la fumée de la Renommée se dissipa, la mode passa et de toute cette comédie assez burlesque, qui n'en fut pas moins un drame habilement exploité contre la Restauration, il ne reste que deux vers de Victor Hugo, ceux qui ouvrent la pièce XI du quatrième livre des *Châtiments*, inscrits là sans autre cause appréciable que de placer une rime sonore. La richesse prosodique cache mal l'indigence historique, puisqu'elle exprime une erreur matérielle :

Vicomte de Foucault, lorsque vous empoignâtes
L'éloquent Manuel de vos mains auvergnates...

Or, le colonel de Foucauld de Malembert était un gentilhomme limousin, habitant la Touraine.

Signée de soixante-deux députés, une protestation virulente avait été déposée entre les mains du président Ravez qui se refusa à la jeter en pâture au public, tant les termes employés la rendaient ridicule par leur exagération même. L'exclusion de Manuel par ses collègues devenait un coup d'État prémédité, un acte attentatoire à la Charte, aux prérogatives royales, aux droits des citoyens français ! Elle était l'œuvre d' « une faction qui brise violemment tous les freins de notre pacte fondamental ».

Après ces déclamations oratoires, restées sans écho, la gauche adopta une tactique tout opposée : le silence systématique, et elle se retira sous ses tentes. Elle se voyait paralysée d'avance par le nombre ; avec le raisonnement boudeur d'un enfant qui vient d'être puni, elle se condamna elle-même à l'abstention et résolut de ne plus participer aux travaux parlementaires. Elle comptait ainsi produire un grand effet sur l'opinion, aider à une crise révolutionnaire intérieure qu'elle croyait proche, elle en a fait depuis l'aveu, et dont les espérances, grossies des difficultés d'une guerre, s'appuyaient sur les conspirations si récentes et à peine réprimées de l'année 1822.

Ce mauvais calcul, doublé d'une mauvaise

action, échoua ; mais il faut reconnaître que, sans rien changer au résultat des délibérations, la tactique rendait assez fausse la position de la majorité réduite à n'avoir aucune contradiction et à siéger sans le contrepoids d'une minorité en éveil. Jusqu'à la fin de la session, ce silence relatif d'une opposition absente ou muette accompagna les séances. Le centre gauche présent votait sans parler ; la gauche ne siégeait plus du tout. Peut-être les affaires s'en traitèrent plus facilement. Les crédits demandés avaient été accordés par 219 voix contre 19. Il en fut de même à la Chambre des pairs : par 212 voix contre 66.

Le débat avait gardé une tenue qui contrastait avec les orages du Palais-Bourbon. Le rapporteur était le comte de La Forest, prudent et averti, bon juge dans les affaires d'Espagne, où il avait été, du temps du roi Joseph, ambassadeur de Napoléon. — Le maréchal Jourdan, le baron de Barante, le duc de Broglie étalèrent beaucoup de pessimisme en développant d'éloquentes généralités philosophiques. « Je marche sur des charbons ardents », déclarait le dernier, dont toute l'argumentation se pouvait résumer dans un dilemme inoffensif : si on n'est pas venu à Madrid pour arrêter les abus du pouvoir absolu, pourquoi y aller réprimer les dangers du gouvernement représentatif? Les réponses furent courtoises : le duc de Fitz-James et Châteaubriand y suffirent.

La France allait pouvoir appliquer la politique royale vis-à-vis de sa voisine et mettre en pratique la formule du chef de la maison de Bourbon : « Le jour où je retirerai mon ambassadeur d'auprès de mon neveu, cent mille hommes passeront la frontière pour lui venir en aide. »

Qu'allait trouver cette armée de l'autre côté des Pyrénées?

CHAPITRE IV

L'AGITATION EN ESPAGNE

Les Cortès préparent la résistance et emmènent Ferdinand à Séville. — Le duc d'Angoulême se rend dans les Pyrénées comme généralissime de l'armée française. — Ouvrard chargé des approvisionnements. — Vaine tentative d'une poignée de transfuges à la frontière.

Un lamentable chaos : le trésor vide, le crédit nul, une misère générale, les colonies soulevées. — Partout la haine, la défiance une agitation fébrile, de la « frénésie », a écrit un auteur espagnol. — Un souffle de patriotisme purifia un peu l'atmosphère quand les puissances européennes annoncèrent l'intention, pour leur propre sécurité, d'intervenir dans la crise révolutionnaire.

L'orgueil national se redressa, se cabra et trouva des accents d'une fierté sincère, chimérique, mais digne d'une vieille race. Les Madrilènes affectèrent une confiance qu'ils n'avaient pas et se mirent d'accord pour ne pas admettre que l'étranger, s'occupant de leurs affaires intérieures, vînt mettre le doigt entre l'arbre et l'écorce. Et tout le raisonnement se bornait à la réplique de la femme de Sganarelle dans *le Médecin malgré lui* : « Il me plaît d'être battue. »

Le message impératif que les Cortès adressèrent dans ce sens à Ferdinand fut adopté à l'unanimité des 145 députés présents.

Après le discours de Louis XVIII, ils décrétèrent aussitôt la mise sur pied de l'armée contre « l'invasion », ordonnant une levée de trente mille miliciens.

On avait maintes fois trouvé des analogies entre leurs séances et celles de la Convention : ils s'y appliquèrent avec enthousiasme, adoptant les maximes, la phraséologie, les utopies, les audaces de ces « grands ancêtres ». — Ferdinand VII, sentant qu'après sa liberté perdue, sa sécurité était menacée, cherchait à demeurer à l'écart de cette fièvre politique. Cantonné dans un coin de son palais, ballotté par les événements qui se succèdent, refusant de recevoir les ministres qui lui sont imposés, signant leurs lettres de renvoi, leur rendant les pouvoirs quand la populace vient crier sous les fenêtres. A leur tour, les ministres affectent de n'avoir plus de communications avec le prince et donnent lecture, soi-disant en son nom, d'un discours dont il répudie les termes, à une séance de l'Assemblée à laquelle il s'abstient d'assister. Pour marquer son désaveu, Ferdinand dresse la liste d'un autre cabinet ; ces nouveaux membres n'osent accepter les portefeuilles et les anciens titulaires restent maîtres de la situation.

Leur pouvoir, du reste, est borné aux environs de la capitale, leur sécurité est limitée aux faubourgs de la ville. Par tout le pays, des bandes de partisans battent l'estrade : des paysans, des déserteurs, des contrebandiers sans ordre ni discipline, dont les courses vagabondes remportent des succès éphémères et pour qui les dispersions, après une défaite, ne sont que des suspensions d'armes.

Un de leurs chefs, Bessières, d'origine française, a de l'audace et du talent. C'est un ancien libéral passé à la cause du Roi. Il a réuni cinq à six mille hommes, il descend de la Navarre, se dirige sur Madrid pour enlever la famille royale et délivrer Ferdinand. Il vient camper à Guadalaxara, à quinze lieues des barrières. L'émoi est à son comble. Une

colonne de miliciens, partie en hâte, l'arrête
sans doute à Alcala, mais on n'entend plus
courir pareille alerte et l'on veut conserver
en sécurité l'otage précieux de la personne
du monarque. On le conduira plus loin, en
Andalousie, derrière le rempart de la Sierra.

En vain, Ferdinand allègue sa santé, celle
de la Reine (1), la mauvaise saison, l'insécu-
rité même des routes : le 20 mars, il lui faut
quitter le palais. Pâle, triste, abattu, il
monte en voiture avec la Reine qui fond en
larmes. Les Infants et leurs familles suivent,
quelques serviteurs et une série d'équipages
de toute sorte, au milieu de cavaliers accom-
pagnés de canons ; et la caravane se dirige
vers le pont de Tolède, dans le brouhaha de
la foule, la confusion d'énergumènes qui
poussent des cris de victoire et de femmes de
miliciens faisant à leurs maris des adieux
éplorés.

La stupeur et la consternation dominent
dans la ville où les gens sages n'approuvent
pas cette retraite prématurée : elle donne le
spectacle de la peur, la preuve du découra-

____

(1) Sa troisième femme : Marie-Josèphe-Amélie de Saxe,
née en 1803, mariée en octobre 1819, et qui devait mourir
en mai 1829.

gement, la sensation d'un mauvais coup, l'apparence d'une conscience troublée qui se cache. « L'envahisseur » n'a pas encore franchi la frontière, et, à quatre cents lieues, on recule devant son fantôme lointain ; c'est l'aveu d'une puissance qui répond bien peu aux souvenirs de la guerre de l'Indépendance dont on évoque sans cesse les exploits.

Les ministres d'Angleterre, des Pays-Bas, du Portugal, de Suède, des États-Unis sont moralement obligés de suivre cette cour nomade. Ils se mettent en route. Les membres des Cortès surtout ont hâte d'aller dresser plus loin la tribune aux harangues et ils placent dans leurs bagages les urnes qui contiennent les cendres de Daoz et de Velarde, les héros du *dos de mayo;* ils semblent emporter avec elles le palladium de la patrie.

Sacro suosque tibi commendat Troja Penates.

Voici une dernière colonne en marche, l'arrière-garde, miliciens peu préparés à la vie des camps, joyeux compagnons qui s'imaginent accomplir une promenade militaire, envahissant les auberges de la route, buvant le vin de Val de Peñas, tombant de

sommeil en arrivant au gîte, embarrassés
du harnais de guerre qui alourdit leurs
épaules de conscrits.

Mesonero Romanos était du nombre, et il
a conté (1) les aventures héroï-comiques de
ces volontaires, se rassurant à mesure que
l'on s'enfonce dans les terres, reprenant du
cœur à chanter les couplets patriotiques
et les refrains populaires, s'abandonnant à
« l'intempérance philharmonique qui distin-
gua cette période constitutionnelle ».

Enfin, le 10 avril, le convoi s'arrêta à
Séville, par une pluie battante, rendant lu-
gubre l'aspect de ce pays fait pour le soleil
qui dore les oranges et se reflète dans les
flots bleus du Guadalquivir. Ferdinand est
conduit à l'Alcazar, et le vieux palais
démembré, mal entretenu, inconfortable,
semble une prison comme aux jours où les
Arabes en faisaient une forteresse autant que
la demeure des Califes. La population, muette
de terreur, a vu entrer le cortège lamentable
sans aucun plaisir ; il lui semble qu'on lui
amène la peste.

Les députés des Cortès ne sont arrivés ue

____

(1) *Memorias de un setenton,* I, ch. XVI,

deux semaines après, ayant été arrêtés cent fois en route par le danger d'être enlevés par des guérillas royalistes. En ouvrant leur séance, le président Florès Calderon n'en a pas moins entonné un air de bravoure qui donne le diapason de la sincérité des effusions parlementaires :

Nous venons d'offrir à l'Europe entière un exemple, en nous transportant, avec une tranquille lenteur, des bords du Manzanarès, si féconds en vertus héroïques, dans les plaines vastes et délicieuses de l'Andalousie, où nous avons conduit la liberté comme en triomphe.

Un voyage d'agrément !

Le premier soin de ces gens satisfaits qui se vouaient, par leurs propres paroles, « à l'admiration des siècles », fut de changer une fois de plus les ministres, puis de rédiger une déclaration de guerre à la France que l'on fit signer à Ferdinand. On éprouva plus d'embarras à trouver les ressources financières capables de la soutenir, la prudence des banquiers de Londres refusant déjà d'accepter les lettres de change tirées sur eux. Mais on décréta la levée des conscrits, on donna l'ordre pressant de courir sus en mer aux vaisseaux de commerce battant pavillon français. On leva un emprunt forcé de deux cents millions de réaux sur tout habitant de la Péninsule, basé selon la valeur de sa maison ou le prix de son loyer. Il fut ordonné de porter à la Monnaie l'argenterie des établissements publics et des églises.

Ces mesures désespérées ouvrirent surtout la porte aux vexations et aux scandales que n'atténua pas le séquestre décrété des biens des « factieux ». L'accord ne se fit pas pour le choix de ministres qui hésitaient à endosser les responsabilités de ces fonctions peu enviables. Discussions et rivalités qui aboutirent à déclarer officiellement l'incapacité du Roi, dont on voulut supposer l'intelligence affaiblie. Ce n'était pas donner une force à ce gouvernement en décomposition.

Il n'en trouva pas davantage dans le succès de ses soldats aux environs de Valence.

Une forte colonne royaliste s'étant approchée de la ville, le colonel Bazan qui y commandait la petite garnison « libérale » se porta à sa rencontre et, malgré l'infériorité du nombre, chargea courageusement ; il fit reculer les assaillants, puis le soir, chargé de son butin, rentra dans Valence aux airs de

« Vive la Constitution ou la mort ! » — *Te Deum*, salves d'artillerie, illuminations, aubades. C'était la suprême joie des Constitutionnels, leur dernier triomphe.

** **

Le cordon sanitaire tendu par nos troupes au long de la frontière, transformé en « armée d'observation », devenait « Corps expéditionnaire » pour entrer en Espagne. Situation nouvelle à laquelle il fallait un régime administratif nouveau.

La question du ravitaillement et de l'entretien se posait tout d'abord. Averti par les circonstances, le ministre de la Guerre, le duc de Bellune, avait dû donner des instructions prévoyantes, et l'Intendance faire des approvisionnements. En effet, l'on possédait des rations réglementaires dans les magasins. Mais on s'aperçut que les fourrages seraient insuffisants, que les moyens de transport n'étaient pas organisés. C'est là le problème déconcertant qui se découvre toujours à la veille d'une entrée en campagne. Il amène avec lui chez les gens responsables une angoisse qui se change vite en affolement. Alors, on use des moyens de fortune, on songe aux remèdes empiriques.

Devant ces premiers embarras, un homme, qui semblait guetter l'heure, se présenta avec un empressement de bon augure. C'était Ouvrard, l'ancien fournisseur de Barras, le munitionnaire des armées impériales, qui s'était déjà glissé dans les affaires d'Espagne, comme un pêcheur de profession lance sa ligne dans l'eau trouble, — en offrant de prêter à la Régence d'Urgel 20 millions : 5 millions en argent et 15 millions en mauvais titres du gouvernement espagnol avant la Révolution. Pour toucher ces 5 millions comptant, la Régence avait accepté, comme un fils de famille chez l'usurier (1).

Ouvrard avait profité de la tractation pour se poser, au congrès de Vérone, en partisan de la « bonne cause ». Mais sa réputation restait mauvaise ; sa probité, sinon sa compétence, sujette à « caution ». Il avait été mis en prison en 1809. Tantôt puissamment riche, tantôt ruiné, sans cesse en procès ; sa situation présente était fausse. Poursuivi par d'an-

(1) Novembre 1822.

ciens associés pour des sommes énormes, il ne pouvait agir à visage découvert, ni rien conclure en son nom ; il empruntait celui de son neveu Victor (1).

Le duc d'Angoulême, nommé généralissime, arrivé à Bayonne se trouva en face des lacunes de l'Intendance, auxquelles il fallait avant tout parer pour le sort de l'armée et le succès de l'entreprise. Ouvrard s'était rendu nécessaire, il répondait de tout et paraissait en état de tout faire. Seule, sa présence choquait le prince et aussi M. de Villèle qui écrivait : « Je ne puis exprimer à quel point il m'est pénible de voir un homme comme cet Ouvrard mêlé à des affaires aussi graves quand elles sont confiées à une personne aussi auguste. »

Mais l'autre pouvait insister : il avait acheté à l'avance bestiaux et grains sur la frontière des Pyrénées et offrait le moyen d'en finir sur l'heure. Des marchés furent donc signés : le 5 avril, pour les vivres et les transports ; le 2 mai, pour les fourrages, entre l'intendant Sicard et Victor Ouvrard.

Il y avait quelque majoration dans les

(1) Pasquier, *Mémoires*, V, 504.

prix, un monopole des fournitures, des bénéfices secrets à trouver dans l'utilisation des magasins de l'armée que l'on ouvrait au munitionnaire pour parfaire ses stocks ; cela pouvait prêter à des confusions. Évidemment, la maison Ouvrard profitait du besoin que l'on croyait avoir de ses ressources et de son activité.

Mais la difficulté était vaincue.

M. de Barante (témoin que l'on aime à citer) (1) a reconnu les services réels que rendit alors l'habileté audacieuse et méprisée d'Ouvrard, homme à la parole facile, qui, sans conviction politique, espérait gagner beaucoup d'argent à favoriser cette « croisade royaliste », dont il escomptait le succès par nos armes, parce qu'il savait que « le soldat français ne trahit jamais en face de l'ennemi ». — Lorsque, trois ans après, les marchés passés à Bayonne aboutirent à une procédure devant la Chambre des pairs, cela apparut clairement et M. de Barante, qui était de l'opposition, eut la loyauté de le voir et le courage de le dire.

Résumons par des chiffres cette question

(1) *Souvenirs*, III, 74.

financière qui souleva les plus acerbes discussions rétrospectives, non seulement en
1823, mais encore pour l'établissement des
budgets complémentaires de 1824 et de 1825.

200 millions de crédits extraordinaires
avaient été votés pour la guerre.

107 millions de dépenses effectuées durent
s'ajouter plus tard à ce premier chiffre.

Les débours des marchés Ouvrard avaient
atteint :

En vivres..............	41 millions
En fourrages...........	36 —
Pour les transports.....	14 —
Frais divers...........	2 —

Les sommes envoyées devaient se répartir
entre les différents ministères :

L'Intérieur :

Aux réfugiés espagnols............	610 000 fr.
Pour le commissariat civil français en Espagne....................	31 000 »

La guerre :

Aux troupes de l'Armée de la Foi.....	23 000 000 fr.
Supplément aux troupes françaises..	83 000 000 »

La marine :

Pour opérations militaires.........	14 000 000 »

Les Finances :

Avances au gouvernement espagnol.	12 000 000	fr.
Service de la Trésorerie de l'Armée..	950 000	»
Service des Postes en Espagne......	2 500 000	»
Frais, escompte, etc..............	5 500 000	»

M. de Villèle était un trop bon ministre des Finances pour n'avoir pas fait de fortes objections à des facilités concédées si rapidement à un financier suspect. Mais, comme le disait M. de Metternich : « Ce n'est pas Ouvrard qui est fabuleux, c'est le temps où nous vivons. »

Le duc d'Angoulême, par point d'honneur, couvrit jusqu'au bout ses subordonnés qui avaient traité avec Ouvrard, parce que : « C'est au marché passé avec lui que je dois mon entrée en Espagne le 7 avril et le succès de mon expédition, qui doit être attribué en grande partie à la discipline de l'armée, qui n'aurait pu exister si elle n'avait été exacte-ment fournie de tout (1). »

Par ailleurs, l'excessive animosité du prince contre le duc de Bellune trouvait, dans le contraste, une satisfaction rancunière à marquer jusqu'à l'injustice son mécontente-

____

(1) Lettre du 29 novembre 1823 au comte de Villèle.

ment de l'imprévoyance reprochée à celui-ci. Ses préventions et ses colères s'obstinèrent. Et quand le ministre de la Guerre voulut venir, — assez imprudemment d'ailleurs, — sur place, inspecter les magasins, le généralissime l'obligea de se retirer.

Le prince était fort au-dessus de ces questions d'argent ; il donnait l'exemple de la discrétion. On avait mis à sa disposition 800 000 francs, pour les dépenses secrètes qui lui incomberaient ; il fit, à la fin de la campagne, remettre 527 000 francs dans les caisses de la Trésorerie. Lui-même refusa tout traitement supplémentaire, ayant déclaré que « son revenu lui suffisait en guerre comme en paix. » Ces choses se passaient il y a cent ans.

Nous avons dit que l'opposition, trois années de suite, s'empara avidement de ces misères pour s'élever, non contre les dépenses (tout le monde en reconnaissait la nécessité et l'emploi), mais contre les ministres qui les avaient sanctionnées. L'arme était assez bonne, elle se brisa néanmoins entre les mains du général Foy qui la maniait avec dextérité. Il parla avec une éloquence véhémente. On entendit un lumineux rapport de M. de Martignac. Le duc de Bellune publia un mémoire justificatif. M. de Villèle, mis en cause directement, sut se défendre. Une commission d'enquête fut nommée. La Chambre, par une majorité de 165 voix, ratifia les dépenses.

* * *

Voici donc, outillée, ravitaillée, l'armée prête à entrer en campagne. Il est nécessaire de connaître sa composition, ses moyens, son esprit.

Elle atteint une centaine de mille hommes.

	Hommes.	Chevaux.	Canons.
1er corps.........	27 500	3 900	24
2e —	20 300	5 000	12
3e —	16 000	2 700	12
4e —	16 000	2 700	12
5e —	21 000	4 300	24
Corps de réserve..	9 700	3 400	24

Le maréchal Oudinot commande le 1er corps ;

Le général Molitor le 2e ;

Le prince de Hohenlohe le 3e ;

Le maréchal Moncey le 4e ;

Le général Bordesoulle la réserve.

Le général Guilleminot est major général.

Ce sont de belles troupes avec d'excellents officiers.

On avait mis une discrétion et une convenance à ne pas employer sur la terre d'Espagne des généraux qui auraient trop marqué sous Napoléon dans les campagnes de la péninsule (nommément : le maréchal Victor, le maréchal Soult qui commandèrent le siège de Cadix ; le maréchal Suchet, duc d'Albufera ; le général Belliard, ancien gouverneur de Madrid).

Les généraux désignés, la plupart soldats de l'Empire, firent bonne figure militaire. On remarque qu'ils étaient tous titrés, pour plusieurs sans doute avec des parchemins de date assez récente, mais plus de trente (la majorité) appartiennent à la vieille aristocratie. Même proportion dans leurs états-majors. Les gentilshommes vont gagner leurs éperons et, en effet, se distinguèrent ; la liste des morts, des blessés, des citations à l'ordre ressemble à un armorial.

Et ils font aussi bon ménage que cause commune avec leurs soldats ; ils ont, naturellement, pris leur rang de « chef » ; le loyalisme anime tout le monde ; l'enthousiasme militaire soulève les troupes, enchantées de sortir de l'inaction des garnisons.

Un exemple : lorsque à Strasbourg l'ordre de départ pour l'armée des Pyrénées était parvenu au 3e régiment de ligne, les soldats qui allaient être libérés du service actif se rengagèrent tout de suite pour huit ans (1).

Le fait présente sa signification au lendemain de cette année 1822 marquée par des intrigues dans les casernes, des conspirations, des associations secrètes, des soulèvements, des jugements, des condamnations. Ébranler la fidélité de l'armée française était l'espoir des « libéraux », et augmenter, par contre, la force de l'armée constitutionnelle en Espagne devenait leur manœuvre. — Laffite et M. d'Argenson, dont on aimerait voir les générosités occupées à d'autres besognes, donnèrent de fortes sommes pour lever des troupes en faveur des Cortès et débaucher celles de notre cordon sanitaire (2). On fit des ouvertures, qui constituaient de véritables trahisons, à certains généraux investis de

____

(1) *Journal des Débats*, 23 février 1823. .
(2) Archives des Affaires étrangères. *Espagne*. Vol. 716. Fol. 191. Note de police envoyée à Madrid. Juillet 1822.

commandements à l'armée des Pyrénées (1).

Le commandant Caron, ancien chef de bataillon, réfugié en Espagne, après le complot avorté de Marseille, proposait ses services contre ses anciens frères d'armes, offrant le concours d'une vingtaine d'artilleurs « sachant leur métier » et d'un petit groupe de cinq cents fantassins rassemblés par ses soins (2). « Un noyau d'émigrés, bonapartistes ou républicains, compromis dans la Charbonnerie », réunis à Bilbao, prenait le nom de « légion française ». Le capitaine Nantil, membre des Loges, le sous-lieutenant démissionnaire Armand Carrel s'y faisaient remarquer (3); le colonel Fabvier, qui avait nié sa participation à la conspiration de Lyon en 1817, avait pris part à la conspiration avortée de Belfort en 1821, commandait là ouvertement la rébellion.

Tous signaient une proclamation datée : « Du grand quartier général des hommes libres », que l'on voulait colporter dans les casernes ; on acclamait Napoléon II, et sur-

----

(1) DUVERGIER DE HAURANNE, *Histoire du gouvernement parlementaire*, VII, 347.

(2) *Espagne*. Vol. 717.

(3) Voir, sur la conduite d'Armand Carrel à ce moment, les *Mémoires* du baron DE DAMAS.

tout on chantait le refrain très explicite de Béranger :

Braves soldats, demi-tour!

Selon une crânerie professionnelle que ne possédaient pas plus les miliciens libéraux que les paysans de l'Armée de la Foi, ces Français dévoyés se présentaient au danger avec bravade. Leur espoir était d'impressionner leurs anciens camarades et, en souvenir des scènes qui avaient suivi le retour de l'île d'Elbe, ils escomptaient l'effet moral du drapeau tricolore flottant au vent. C'était donc autour d'un immense étendard aux trois couleurs qu'ils se rangeaient en face de nos avant-postes. Ils entonnèrent *la Marseillaise* et crièrent à pleine voix : « Vive Napoléon II, » appel qui pouvait caractériser leur pensée, mais ne saurait avoir d'écho chez les auditeurs, car il ne signifiait rien.

Nos soldats (un peloton du 9e d'infanterie légère) regardaient avec surprise ; leurs chefs ne voulurent pas qu'une tentation suivît l'étonnement, ils rompirent le charme ; le général Vallin s'approcha d'une section d'artilleurs, cria avec eux : « Vive le Roi ! », fit pointer sur le drapeau et tirer un coup de canon à mitraille. Le drapeau tomba, quelques hommes qui l'entouraient également. La « légion » s'enfuit dans la montagne. Un régiment apparut commandé par Alexandre O'Donnell, spectateur de la scène et qui devait s'y mêler en cas de succès ; il se retira incontinent sans vouloir engager le combat avec nos voltigeurs qui s'étaient jetés dans des barques à la poursuite des transfuges, dont on trouva huit morts et quatre blessés restés sur place. On les porta à l'ambulance où ils furent bien soignés. C'étaient des Français et des Italiens.

Comme événement militaire, on enregistrait un faible avantage, comme événement politique on obtenait plus qu'une victoire. — Elle valut au général Vallin le grade de lieutenant général. Il avait fait son devoir et pris sa décision, comptant sur le sentiment noble de fierté, de discipline et de courage dont s'inspire toujours le soldat français qui, ayant suivi l'Empereur pour la gloire, allait servir le Roi pour l'honneur.

Ainsi commença l'expédition d'Espagne.

Chateaubriand allait en diriger avec succès la partie diplomatique. Il suivra d'ailleurs la politique de Mathieu de Montmorency. Et sa correspondance avec son prédécesseur nous donne d'une façon originale, précise et certainement heureuse, la physionomie des trois principaux acteurs dans cette grande affaire : la France, l'Europe, l'Angleterre.

En face des révolutionnaires espagnols : l'armée française, disciplinée, qui ne sort de nos frontières que pour assurer la paix ; l'Europe, inquiète, qui voit en elle le rempart de la sécurité générale ; l'Angleterre, hostile et jalouse, encourageant sous main la résistance, refusant un concours qui eût amené au contraire l'ordre réclamé par ses propres intérêts.

A lord Londonderry, Chateaubriand, alors ambassadeur à Londres, avait simplement notifié :

J'ai répondu que nous serions toujours guidés par la modération et la prudence, que nous n'avions d'autre but que de nous mettre à l'abri de la contagion, que si la folie de nos voisins nous obligeait de recourir aux armes pour notre propre défense, nous saurions repousser seuls une injuste agression, mais que nous étions persuadés que nous ne serions pas abandonnés dans une cause commune à toutes les monarchies de l'Europe...

Enfin cette remarque :

L'Angleterre commence à s'embarrasser dans ses propres filets; elle a sacrifié les grands intérêts moraux aux petits intérêts mercantiles et elle est menacée d'une réaction fatale à sa prospérité (1).

Les événements allaient confirmer ces prévisions et ces jugements.

Ne peut-on dire que l'histoire se répète? Elle fournit du moins à la France des exemples et des renseignements

(1) Le vicomte de Chateaubriand au vicomte de Montmorency, 23 juillet 1822, — *Angleterre.* — Vol. 615, f⁰ˢ 328 et 335.

DEUXIÈME PARTIE
L'EXPÉDITION MILITAIRE

CHAPITRE PREMIER
L'ARMÉE DE LA DÉLIVRANCE

Entrée de l'armée française en Espagne (7 avril). — Accueil enthousiaste des populations. — Force des armées espagnoles. — Le duc d'Angoulême à Burgos. — Défection de l'Abisbal. — Entrée triomphante à Madrid (24 mai).

Le 7 avril, comme l'aube allait mettre une frange d'or à la cime d'argent des Pyrénées, la brigade du vicomte de Saint-Hilaire, quittant le camp de la Croix des Bouquets, serra en masse sur la route de Béhobie, derrière la cavalerie du général Vallin. Celle-ci était en selle dès quatre heures du matin, avant que le soleil fût levé encore. Le maréchal duc de Reggio fit passer en barque l'avant-garde d'Auguste de la Rochejaquelein, et, pour la première fois depuis dix ans, nos troupes foulèrent le sol espagnol, avec une confiance enthousiaste qu'aiguisait l'attrait d'une belle aventure. — Quand le soleil brilla, tous marchaient d'un pas ferme sur le grand chemin. — Chacun était bien pourvu de munitions et de vivres, et les montagnards qui venaient les regarder passer, les saluaient de vivats.

A Irun, la population avait revêtu ses habits de fête, le curé, l'alcade s'avançaient pour haranguer le duc d'Angoulême, les habitants criaient « Vive le Roi ! » à perdre haleine et ouvraient aux troupiers leurs maisons pavoisées aux couleurs des deux pays. — Le spectacle devait se renouveler de village en village.

Fort adroitement, Ouvrard achetait à l'avance dans les fermes ; ses agents payaient comptant ; le passage de l'armée française, sans épuiser la contrée, y apportait au contraire l'abondance de l'argent, toujours assez rare chez les paysans (1).

On ravitaillait aussi les débris de l'Armée de la Foi, dont les rangs, d'abord pêle-mêle,

(1) Vaulabelle, qui n'est pas suspect de sympathies royalistes, le constate (*Histoire des deux Restaurations*, VI) : « Les besoins de l'armée furent ainsi satisfaits jusqu'au dernier jour de la campagne, sans dépôts, ni magasins préparés, ni réquisition. »

se grossissaient à chaque instant de nouveaux volontaires que le général de Conchy allait encadrer avec sa division.

Les espérances des généraux constitutionnels s'en irritaient d'autant. Ce ravitaillement facile, cet accueil de leurs compatriotes les consternaient et dès la première heure leur désenchantement songeait à reculer le champ d'action dont ils sentaient le sol se dérober sous leurs pas. Leurs forces cependant n'étaient pas négligeables.

Ils avaient pris leurs précautions pour prolonger la lutte, espérant que les malheurs ordinaires des invasions réduiraient la population à se soulever contre les étrangers. Ils avaient bien approvisionné leurs places de guerre et confié leur défense à des officiers de mérite et dévoués à leur cause. L'armée était dans un état supérieur à ce que l'on avait cru.

Sans tenir compte de l'exagération des chiffres proclamés aux Cortès, puisque les levées ordinaires avaient rencontré partout des refus, il ne paraît pas que les troupes qui nous étaient opposées aient été inférieures à 120 000 hommes.

L'armée « d'opération » (Ballesteros)..... 20 000
L'armée de Catalogne (Mina)........... 20 000

L'armée du Centre (Zayas. l'Abisbal)....   20 000
L'armée des Asturies (Morillo. Quiroga)..   10 000
Les garnisons des places fortes..........   50 000

Mais déjà toute la machine branlait et tandis que Mina — qui fut jusqu'au bout notre plus obstiné adversaire — songeait à nous tourner par une contre-offensive sur le territoire du Roussillon et, en réalité, se maintenait en Catalogne avec un acharnement parfois héroïque, Ballesteros, à la première rencontre, à Vittoria, ordonnait la retraite, se glissait à Saragosse, et, en fait, livrait, en montrant le dos, la route de Madrid.

Notre armée, sans perdre le contact, était obligée de s'éparpiller pour répondre aux exigences d'une occupation :

Le 1er corps piquait en avant vers la Castille, où la réserve (général Bordesoulle) devait le suivre et même le précéder parfois, lui laissant le soin de s'avancer, avec le général Bourke, jusqu'au fond des Asturies et de la Galice.

Le 2e corps tournait à gauche par l'Aragon pour descendre la vallée de l'Èbre.

Le 3e corps se cantonnait en Navarre autour de Saint-Sébastien et de Pampelune qui résistaient.

Le 4e corps allait opérer en Catalogne.

Successivement, nous les retrouverons.

Le duc d'Angoulême, généralissime, s'avançait en tête (il fit vaillamment à cheval les cent lieues du chemin) et franchit sans encombre les rochers de Pancorbo et le fameux défilé de Salinas, sur lequel planaient les plus sinistres légendes.

A Burgos il fut accueilli avec des transports de joie : les fleurs jonchaient les rues pavoisées, des balcons on jetait, des couronnes, il fallut passer sous des arcs de triomphe et il eut peine à refuser le dangereux honneur d'être hissé, comme sur un pavois, au haut d'un char monumental.

Les femmes, qui ne pouvaient atteindre le visage des cavaliers, embrassaient les fantassins, et avec l'emphase biblique des méridionaux disaient à de vieux grenadiers qui s'avançaient en bon ordre : « Bénis soient les ventres qui ont porté de tels enfants ! » — Pour achever de traduire leurs sentiments, elles criaient : « *Mueron los negros!* A mort les constitutionnels (1) ! »

Le 17 mai, en arrivant à Buitrago, le

(1) Vicomte DE BOISLECOMTE, *Souvenirs de la campagne de 1823 (Revue hebdomadaire*, décembre 1896).

Prince reçut les parlementaires de l'Abisbal, qui venaient discrètement offrir sa soumission. Le général espagnol (vis-à-vis de ses officiers et de ses troupes, il avait feint de vouloir se rendre à Séville) demandait un sauf-conduit pour gagner la France. Il y arriva en effet, mais ayant couru d'autres dangers, échappant peut-être aux colères des libéraux indignés de sa défection présente, et menacé, avant d'atteindre la frontière, par les royalistes qui le voulaient massacrer pour son infidélité passée.

L'Abisbal avait laissé Madrid en grand tumulte. Ses troupes, dont Zayas prenait le commandement sans enthousiasme, opéraient précipitamment et en secret leur retraite par le pont de Tolède. Un partisan royaliste, don Jorge Bessières, craignant de les voir échapper, venait tirer des coups de fusil dans la ville, et se battre dans les rues.

Les Madrilènes, à qui les Cortès avaient longtemps caché notre entrée en Espagne, passaient par des sentiments variés : les arrogants de la veille se cachaient ou hâtaient les préparatifs de leur départ ; les opprimés guettaient l'heure de prendre leur revanche.

Le généralissime s'avançait. Il couchait à

Chamartin dans cette maison de plaisance du duc de l'Infantado où avaient successivement fait séjour tous les victorieux de ces temps troublés : Murat à l'été de 1808 ; peu après, Napoléon en personne. — Il allait bientôt présider à un spectacle dont un témoin nous a laissé l'impression émue :

Le 23 mai à quatre heures du matin, les premiers rayons du soleil vinrent éclairer une scène merveilleuse. A notre droite la lumière colorait d'une teinte rosée les sommets encore couverts de neige du Guadarrama ; dans la vallée on apercevait à travers une brume légère, et au milieu des masses de verdure, le corps d'armée du maréchal duc de Reggio déroulant ses profondes colonnes. Sur notre gauche, à une grande distance, des nuages de poussière nous annonçaient la marche des troupes conduites par le général comte Obert, à travers les plaines qui se perdaient à l'horizon ; enfin devant nous s'étalait Madrid avec ses clochers, ses palais dans l'immense ceinture dont l'environne presque entièrement le Prado. Le mouvement de cette marche contrastait avec le calme profond de cette cité dont l'occupation avait coûté, il y avait quinze ans, tant de sang français. La magnificence de ce spectacle, au sortir des affreux déserts que l'on traverse à quatre lieues de la capitale, remplissait l'âme d'une profonde émotion (1).

(1) Boislecomte, *Souvenirs.*

Le silence de la nuit fut rompu par le pas de nos chevaux, les sonneries des clairons du 1er régiment de la garde. Tout le monde se lève, court aux fenêtres, sort des maisons : *los Franceses!* Et c'est une longue acclamation à laquelle nos soldats répondent : « Vive le Roi! » La joie tient du délire, les femmes sanglotent : « Vive nos libérateurs! Vous nous vengerez! vous délivrerez mon mari, vous me rendrez mon fils. A mort, les *negros!* Meure la race des assassins! » — Et pour mieux marquer la réalité de la délivrance, on court contre les miliciens constitutionnels qui abandonnent leurs derniers postes ; on leur lance des pierres, on couvre de boue et de crachats Zayas, son cheval, sa petite escorte, au milieu des cris les plus insultants.

Les Français n'ont de peine qu'à contenir la fureur, à éviter les représailles. « Comment, monsieur, — criait au capitaine de Boislecomte une jeune femme élégante qui malgré lui voulait faire enfoncer la porte d'une maison par des hommes du peuple, — le brigand qui habite ici a fait hier tuer mon frère. Je suis Espagnole et vous ne voulez pas que je me venge! »

On les laissa du moins briser les « pierres de la Constitution », les grilles des Cortès, les meubles, les statues, les bustes, faire des feux de joie des registres, exiger que le bourreau brûlât l'effigie de Riego, pendant que l'on exposait en triomphe le portrait de Ferdinand.

Le 24 mai, au son des cloches, au bruit des pétards, le duc d'Angoulême entrait solennellement au milieu des drapeaux et des devises « analogues à la circonstance »; les femmes de la société jetaient des fleurs du haut des balcons et les filles du peuple dansaient accompagnées des castagnettes et des tambourins. Dans les faubourgs, aux vivats et aux clameurs se mêlaient des cris de mort (1).

Par discrétion, le Prince refusa de loger au palais du Roi et descendit à l'hôtel du duc de Villahermosa. Il reçut les hommages des autorités, sans qu'on sût bien à quel parti elles appartenaient, passa la revue des troupes dont la belle prestance électrisait les spectateurs. « C'est aujourd'hui, disait en revenant de la parade un bourgeois de Madrid, qu'il est glorieux d'être enfant de la France. »

(1) « Car, dit Gonneville (*Souvenirs militaires* p. 346), en Espagne, il n'y a pas de belle fête si le sang n'y est répandu. »

Le plus difficile restait à faire : pacifier et gouverner des esprits aussi échauffés, des patriotes aussi chatouilleux. Les succès de notre armée justifiaient leurs éloges et augmentaient aussi leurs exigences. De toutes les expéditions entreprises en même temps à travers la péninsule, de bonnes nouvelles venaient donner au duc d'Angoulême une force et un prestige accrus.

*
* *

Le 2ᵉ corps était entré, lui aussi, gaiement en Espagne, sous les ordres du général Molitor, et nous avons, pour suivre ses pérégrinations, les *Mémoires* du comte de Saint-Chamans qui commandait la 1ʳᵉ brigade de la 6ᵉ division (général de Loverdo).

Les régiments s'avancèrent d'Irun à Murcie sans avoir besoin de tirer un coup de canon et c'est seulement à la fin de juillet, au combat de Campillo, qu'ils feront parler la poudre. Mais ils n'en firent pas moins, pacifiquement, une bonne besogne, et M. de Saint-Chamans, qui avait une plume heureuse, nous a décrit à merveille l'esprit de l'armée et des populations.

On ne s'attarda pas aux murailles de Pampelune, derrière lesquelles s'était réfugiée une forte garnison « constitutionnelle ». On laissa les bataillons du général de Conchy faire le blocus, et on passa outre pour suivre les collines assez tristes de la Navarre.

A Tafalla, enthousiasmé du bonheur de voir des Français, le peuple se rue autour du cheval de Saint-Chamans pour baiser la botte, au risque de jeter le général par terre ; les moines offrent des rafraîchissements à la colonne et dansent avec les sapeurs du 8e d'infanterie légère au son de la musique du régiment.

C'est à ce spectacle, qui se répète chaque jour, dans chaque village, dans chaque ville, que M. de Saint-Chamans établit le contraste des événements dont il a été témoin :

En 1808, si un soldat français épuisé par la fatigue, la maladie ou les blessures restait à quelques pas en arrière de la colonne en marche, de farouches paysans embusqués s'élançaient et l'égorgeaient impitoyablement. — En 1823, si un soldat avait peine à suivre son bataillon, ces bons Espagnols s'empressaient de lui procurer une mule ou une charrette pour le transporter au cantonnement le plus rapproché.

En 1808, si un détachement voulait avoir un guide pour diriger sa marche incertaine, il lui était impossible de s'en procurer ; mais enfin s'il parvenait à s'emparer d'un paysan, cet homme ne cherchait qu'à égarer la troupe et à la faire tomber dans les embuscades des guérillas. En 1823 c'était envers les troupes constitutionnelles que les habitants jouaient ce rôle, et si, au contraire, une de nos patrouilles se trouvait en force inférieure, les alcades et les curés lui envoyaient des guides sûrs et des renseignements précis pour la tirer de cette mauvaise position et lui indiquer les moyens de surprendre l'ennemi.

Et Saint-Chamans de tirer la conclusion :

C'est qu'en 1808 nous étions venus en Espagne pour appuyer par les armes françaises la trahison que Napoléon avait commise envers le peuple espagnol et la famille royale pour établir son frère [Joseph] sur le trône de Charles-Quint. Tandis que, en 1823, nous venions rendre à ce peuple, alors essentiellement monarchiste et religieux, son roi retenu prisonnier dans Cadix par une armée en révolte et la faction républicaine, et protéger ses prêtres proscrits et persécutés par le même parti.

La leçon parut plus frappante encore le 26 avril, quand nos troupes entrèrent, tambours battants, drapeau flottant, à Saragosse. Les carillons de Notre-Dame del Pilar sonnaient à toutes volées en l'honneur de ceux contre qui, moins de quinze ans plus tôt, les Aragonais avaient soutenu deux sièges acharnés.

On s'installa en pleine sécurité, et, après un séjour paisible, où l'on ne rencontra d'autres soucis que les lenteurs de l'Intendance, on se rapprocha de la Catalogne où le 4e corps du maréchal Moncey menait une vie plus rude. On passa l'Èbre en bac sous un soleil de feu, en laissant quelques traînards fatigués d'une marche difficile, et l'on se dirigea, au sud, dans la province de Valence, pour délivrer le fort de Murviedro (l'ancienne Sagonte) où un parti de royalistes, qui s'en était emparé, s'y trouvait maintenant cerné par Ballesteros qui les pressait de près et menaçait de les égorger tous. — En six étapes on franchit rapidement la distance, poussé par le désir de se mesurer contre les assiégeants. Mais à l'annonce de l'arrivée de Molitor, ils avaient tourné casaque, abandonnant canons et munitions, répandant dans les alentours leurs déserteurs. Molitor allait s'établir fortement dans la province de Valence que Ballesteros quittait pour se réfugier dans celle de Grenade.

Nous rejoindrons le 2e corps, à la fin de juillet, quand il fera son mouvement en avant, pour participer à la poussée générale qui encerclera l'armée des *Negros* dans les parages de Cadix.

*
* *

A cette heure, Molitor sait qu'entre lui et les Pyrénées sa sécurité est assurée par le 4e corps qui occupe la Catalogne ou du moins y retient les constitutionnels. Le vieux maréchal Moncey qui le commande a franchi la frontière plus tard que les autres chefs, parce qu'il a éprouvé des difficultés de concentration assez grandes. Le 18 avril seulement il a quitté le Roussillon français. Des pluies torrentielles ont encore gêné sa marche ; les troupes mal disciplinées du baron d'Eroles qui cheminent à ses côtés ne la faciliteront pas, et l'adversaire, en se repliant, ne lui laisse pas la tranquillité ; les charrois sont malaisés, le pays est pauvre et il faut organiser dans le petit port de Rosas un entrepôt d'approvisionnement. Celui qui dirige les constitutionnels, nombreux et bien armés, leur inspire confiance et effroi ; il doit provoquer nos précautions et nos méfiances. C'est un matois de la guerre et l'un des plus expérimentés guerilleros des luttes héroïques de l'Indépendance : Francisco Espoz y Mina.

Paysan navarrais, il a quitté sa charrue pour combattre l'armée de Napoléon ; il s'est engagé dans la troupe de son neveu Xavier Mina (qui devait finir misérablement fusillé au Mexique) et est devenu fameux lui-même, à la suite de deux coups de main heureux au défilé d'Arlaban. Il est, du reste, par son intrépidité, le « roi » de ces contrées de Navarre et d'Aragon où il groupe sous ses ordres des milliers de partisans. Il joue sa vie cent fois mais dans des sentiments d'inhumanité farouche ; il prétend avoir tué 40 000 personnes et l'on dit qu'il n'a jamais fait grâce. Quand Ferdinand, pour qui il combat, revient, la sympathie ne s'établit pas entre le sujet et le monarque ; ils se défient l'un de l'autre ; Mina médite déjà une sédition militaire, il se réfugie en France où Louis XVIII protège sa liberté. Il est enthousiaste, obstinément, de la constitution de Cadix, sorte de fétiche pour son intelligence bornée. Aussi, dès la révolution de 1820 qui remet en vigueur ce pacte de 1812, Mina accourt, on le nomme capitaine-général, il jouit d'une grande popularité. Quand son pays se partage en deux camps, sans hésitation, il se range et se trouve à la tête des forces « libérales ». Il combat l'armée de la Foi avec la plus grande brutalité, égorgeant froidement ses compatriotes, ses prisonniers. Envoyé pour défendre la Catalogne, il y restera jusqu'à la fin de notre expédition, terré dans sa bauge, les crocs en avant, décousant tous les limiers qui approchent (1).

Tel est le rôle qu'aura joué, dans la péninsule, en ces jours critiques, un général sans science militaire, un agitateur sans connaissance politique, un ami de la liberté qui voulait égorger quiconque ne partageait pas ses opinions, un brave, insouciant de sa vie, peu fortuné après avoir dirigé les pillages, d'une spontanéité farouche et aveugle, type heureux du guerillero pendant la guerre et malheureux initiateur de ces *pronunciamientos* qui allaient déshonorer l'Espagne pendant la paix.

(1) Jusqu'en novembre 1823. Il se réfugiera alors en Angleterre. En 1830, il est attiré à Paris par la révolution et voudra soulever l'Espagne. Il franchit les Pyrénées, est repoussé, se retire à Paris ; revient en 1834, se signale par une nouvelle proclamation, dernier monument de folie et de barbarie où il menace tout le monde de prison et de mort. — Il mourra, malade et épuisé, à Barcelone, en décembre 1836.

Avec ses colonnes mobiles, il se glisse dans les sentiers de la montagne, tient son monde en haleine et se fait couvrir par ses lieutenants. L'un d'eux, Llobera, ne s'est pas dérobé assez vite à travers des mamelons boisés pour ne pas être rejoint par les hussards du général de la Roche-Aymon et les fantassins du général de Saint-Priest (1) qui, aidés du général de La Tour du Pin, enfoncent le corps espagnol et le ramènent sous le canon de Barcelone.

Pendant ce temps, Mina tente ses diversions audacieuses. Il menace surtout Vich, car il nourrit contre ses habitants une haine vigoureuse. Déjà il a fusillé sur la grande route leur évêque, Mgr Estranch (mars 1823) ; maintenant, il anime ses soldats, leur promet une belle vengeance, un plaisir de soudard :

Soldats !

Le jour de gloire est arrivé. Allons dîner à Vich. Que les vingt premiers Français que nous saisirons soient fusillés pour leur apprendre à se mêler de ce qui ne les regarde pas. Les maisons royalistes de Vich seront livrées au pillage pendant trois heures

(1) Notamment les régiments des colonels de la Poterie et de la Nougarède.

et les soixante personnes les plus royalistes de la ville et les autorités seront fusillées sur la place de la Constitution. Que les rues de Vich roulent du sang et que, de là, mon armée triomphante marche sur Barcelone pour purger ses alentours de l'invasion des tyrans.

Mais la fureur ne fait pas le courage ; et, après la première alerte, à l'aube du 25 mai, les assaillants, quoique supérieurs en nombre, sont partout repoussés après sept heures d'une défense à laquelle tout le monde s'est employé : paysans, moines, femmes. » La surprise s'étant changée en attaque, a dit ingénument l'un des fanfarons, il n'y avait plus à attendre que des malheurs (1). » — Mina, privé du dîner promis, est contraint de chercher un abri dans le nid d'aigle de la Seo d'Urgel.

Ses lieutenants Llobera et Milans attaquent à leur tour près de Mataro, sur les bords de la mer ; ils sont mal reçus par le comte Curial et la brigade du marquis de Vence ; ils se replient en déroute, jetant leurs armes (on trouva plus de cinq cents fusils dans les champs), laissant un drapeau et des officiers prisonniers.

(1) GALLI, aide de camp de Mina, *Mémoires*.

Infatigable et insaisissable, Mina bat l'estrade, les brouillards de la saison le favorisent ; à travers une tourmente de neige il passe, blessé à la jambe après une chute dans les rochers, il se coule de village en village, nous abandonnant maints prisonniers, et parvient à s'introduire dans Barcelone.

Derrière lui la brigade du vicomte de Saint-Priest et les volontaires du baron d'Eroles vont reprendre la Seo d'Urgel pour lui enlever cet asile en cas de retour.

Le maréchal Moncey est fatigué de ces petites affaires, il prétend terminer en occupant Barcelone, centre de la résistance d'une puissante garnison. Il établit son quartier général à Girone, investit Tarragone pour dégager sa gauche et prépare méthodiquement les opérations qui le feront maître de la province où Louis XVIII l'a envoyé en lui disant : « Allez, monsieur le maréchal, signez vos ordres du nom de Moncey, et je suis sûr du succès. »

*
* *

La satisfaction de ces succès militaires se compensait, pour le généralissime, de l'embarras où le jetait brusquement la réorganisation politique du royaume. Le duc d'Angoulême avait envisagé sous ses deux aspects la double question, quand, de Bayonne, il adressait, le 2 avril :

1º Une proclamation aux Espagnols pour annoncer l'unique but de la guerre, la délivrance de leur Roi ;

2º Un ordre du jour à l'armée pour recommander le respect des lois, des propriétés et des habitants.

Il avait accepté, accueilli, reconnu l'autorité d'une « Junte provisoire de gouvernement d'Espagne et des Indes » qui s'était formée à Bayonne et se composait de Mgr de Eguia, du baron d'Eroles, de Gomez Calderon et de J. B. de Erro, tous royalistes avérés qui commencèrent par déclarer inexistants « tous les actes publics, administratifs et mesures de gouvernement depuis l'attentat du 7 mars 1820». Conclusion logique d'un raisonnement trop simpliste, qui permettait de prévoir dans la pratique beaucoup de déceptions.

Ce petit Conseil avait suivi nos troupes, en marchant avec le contingent de volontaires espagnols auxquels le Trésor français avait procuré armes, vêtements, solde et parfois vivres. — Arrivée à Madrid, cette junte disparut pour se fondre en partie dans une *Régence* dont le duc d'Angoulême avait provoqué la création.

L'évêque d'Osma, le baron d'Eroles, don Antonio Gomez Calderon y figurèrent donc, et on leur adjoignit les deux plus hauts magistrats du royaume : les présidents du Conseil de Castille et du Conseil des Indes, le duc de l'Infantado et le duc de Montemar, personnages considérables de l'aristocratie espagnole. — L'Infantado, après s'en être défendu, accepta la présidence de la Régence qui prit le titre collectif d'« Altesse Royale », — c'était depuis 1808 la prétention puérile de tous les détenteurs de l'autorité suprême en Espagne, — et l'on entra en fonctions.

Mais les caisses étaient vides, car les constitutionnels, qui avaient perçu à l'avance des impôts, avaient emporté jusqu'au dernier doublon, ayant même vendu à vil prix tout ce qui était réalisable. Le malaise s'accrut quand les Régents annulèrent les emprunts consentis aux Cortès ; les souscripteurs déçus n'allèrent pas courir la nouvelle chance de s'inscrire à l'emprunt de la Régence.

L'anarchie financière eût été à son comble

si un homme d'intelligence et de labeur ne fût intervenu avec prudence : M. de Martignac accompagnait le généralissime comme commissaire civil du corps expéditionnaire, et en réalité comme mentor.

Facile de caractère, de relations, d'habitudes, d'un langage séduisant, il entretenait avec M. de Villèle une correspondance abondante, et leurs lettres nous donnent des détails intimes, sincères, vraiment précieux pour notre curiosité et notre instruction (1). Ces deux hommes à l'esprit clair étaient faits pour s'entendre.

Le problème était difficile d'organiser une administration espagnole de transition. M. de Martignac navigue entre la vanité patriotique, l'esprit de réaction des royalistes de Madrid et les entêtements du duc d'Angoulême irrité contre ceux que sa politique nomme d'un joli nom : les « exclusifs ».

La capacité du commissaire français s'impose à la Régence à qui il prépare les décrets et dont il rédige la proclamation. Il lui faut batailler avec douceur ; il tempère, temporise, traduit les instructions de M. de Villèle

____

(1) Spécialement lettres du 20 mai (III, p. 472) et 23 mai (p. 485).

(lettre du 16 mai 1823) qui a envoyé au généralissime tout un plan de conduite où il précise la politique française (1).

Le cabinet des Tuileries a fait cause commune sans hésiter avec les royalistes espagnols pour le succès de l'entreprise ; mais les conditions mêmes de cette collaboration restent encore à régler. Nous pouvons donner notre concours et maintenir notre influence par nos armes, notre argent, par les journaux « que nous ferons beaucoup parler et beaucoup répandre ». M. de Villlèle n'attache pas d'importance aux agitations de la rue, il se méfie des grands seigneurs qui se rallient trop bruyamment à la Régence : « Tout ce monde-là est très disposé à prendre sa part d'honneur et de profits, mais se trouver à la bataille, c'est ce dont très peu se soucient. »

M. de Martignac se montrera ferme, indépendant vis-à-vis du corps diplomatique qui vient de se reformer à Madrid. — Le concours de l'empereur de Russie est presque embarrassant dans son exubérance. — M. de Metternich, selon le mot de Chateaubriand (2),

____

(1) *Correspondance* et *Mémoires* du comte DE VILLÈLE, 18 juin 1823, IV, 85.
(2) *Congrès de Vérone*, LIII.

« nous jette le chat aux jambes. » —
Qu'on écarte les suggestions, les indiscrétions, les imprudences, qu'on évite avec
soin des « conférences générales ». La
guerre est uniquement française, nous en
portons la charge, la responsabilité et la
gloire.

Un ambassadeur en titre, M. de Talaru, va
venir représenter la France. — Ce diplomate, gentilhomme bien allié, pair de France,
a été désigné parce qu'il a fait de fréquents
voyages en Espagne ; il connaît la maxime
castillane sur la sage lenteur : « A demain... »
Il rentre dans son rôle d'être temporisateur
et il le montre en ne se pressant pas d'arriver.
Il prétexte les difficultés des chemins, l'embarras des convois militaires, et un accident
de voiture. Il n'entre à Madrid que le 1er juillet, trop tard d'un jour pour assister à la
cérémonie où le duc d'Angoulême, par une
courtoisie peut-être excessive, a voulu faire
remettre solennellement à la Régence les
cinquante drapeaux espagnols que nous
avions rapportés de la guerre de l'Indépendance.

Le marquis de Talaru avait été précédé de
ses secrétaires : MM. de Gabriac, de Viel-

castel (1) et d'un attaché, le comte de Blosseville, jeune homme d'esprit qui prenait des
notes et nous a laissé ainsi d'agréables souvenirs (2).

La nature lui avait d'abord apporté des
déceptions : en Biscaye, des oliviers ra-
bougris ; les plaines de Castille offrant plus
de cailloux que de blé ou de seigle ; les ra-
meaux des rhododendrons et les fleurs jaunes
des genêts égayant seuls les paysages désolés
où planaient des aigles roux et où se posaient
des cigognes déplumées. — A Madrid il était
entré dans une ville bondée de monde, les
auberges encombrées, notre garde royale
mêlée dans les casernes aux troupes espagnoles, faisant du reste bon ménage avec la
population ; dans les églises pleines, si le
clergé prononçait des paroles enthousiastes
en l'honneur des « generosos y valientes aliu-
dos », les sermons, tous consacrés à la poli-

(1) Avant eux Robert de Caux était chargé d'affaires, avec
M. de Flavigny comme adjoint.
(2) Il écrivait aussi de nombreuses lettres et les recommandait à sa famille : « Je prie tout le monde de les garder,
parce que si je perds mes notes, elles me serviront à rétablir mon journal. » Ses lettres sont en effet pleines d'humour
et de sagacité ; elles figurent dans l'étude : *le Marquis de
Blosseville* (1 vol. in-8°), qui a été publiée en 1898 par M. Louis
PASSY.

tique, étaient « loin de prêcher la doctrine de l'union et de l'oubli ». — Des oranges excellentes, des lièvres savoureux, de plantureuses tomates consolaient un peu le voyageur de l'abondance des pois chiches, de l'odeur des outres de bouc qui gâtaient le vin, et des parfums de l'huile chaude sortant des cuisines. La « vie » d'ailleurs était fort chère, dix fois plus qu'à Paris. Dans les rues le peuple se promenait, chantait, allait à la plaza de toros, fumait des cigarettes.

Dans les salons les jolies Madrilènes affectaient d'être libérales, constitutionnelles, révolutionnaires, avec d'autant plus d'assurance que la présence de nos régiments leur épargnait la crainte d'être les premières victimes de leurs chimères.

Après quelques jours de flânerie dans Madrid et de visites aux dames, on se mit au travail. M. de Talaru arrivait. — Le contact avec le corps diplomatique n'était rien moins qu'épineux. Les ministres des légations accréditées auprès de Ferdinand en la personne de la Régence se livraient à mille intrigues contre l'influence française ; ils eussent souhaité être consultés et reprendre, au nom de « l'Europe », le mandat dont la France seule était et s'était chargée. — Les Régents eussent volontiers accepté cette intrusion qui aurait facilité leur indépendance, ils se débarrassaient du courant des affaires sur les ministres de Ferdinand qu'ils avaient rappelés. Le plus intelligent et le plus actif, don Victorio Damian Saêz, premier chanoine de Tolède, jadis confesseur du Roi, s'était installé, de sa propre autorité, au ministère d'État. Adroit, cauteleux, persévérant, habile à ses heures, il s'agitait sans parvenir à régler les embarras financiers.

La Régence prétendait faire un emprunt. Un marquis de Croy-Chanel était arrivé à Madrid dans ce dessein, envoyé de Paris par le banquier Pictet ; mais cette maison, sans grande surface, ne put pousser l'opération jusqu'au bout, bien que la Russie parût s'y intéresser.

Dans le même temps l'emprunt du gouvernement français obtenait un plein succès. M. de Villèle avait su y intéresser les Rothschild de Londres, de Vienne, de Naples, de Francfort et de Paris qui offraient d'avantageuses conditions ; déjà ils avaient ouvert au duc d'Angoulême un crédit illimité et leur agent à Madrid, sur sa simple signature, délivrait au généralissime toute somme qu'il souhaitait.

La rente française était en excellent état, à 91 fr. 15 ; les titres de l'emprunt, donnés à 89 fr. 55, gagnaient 2,5 pour 100 et les caisses de l'État s'enrichissaient ainsi de 30 millions. « Je ne sais, disait modestement M. de Villèle, si cet événement sera appécié ce qu'il vaut, mais il prouve la force et la puissance de la France ; il justifie ceux qui ont la confiance de lui demander des prodiges, il constate l'avantage inappréciable des institutions que nous a données le Roi. »

Ouvrard, qui avait joué à la baisse, était puni de son action et de sa combinaison, toutes deux mauvaises (1). — Londres, qui avait souscrit jadis « avec fureur » l'emprunt plus qu'aléatoire des Cortès, tentait l'impossible pour faire baisser la rente française, et couler l'emprunt ; Paris avait résisté et les agents de change des bords de la Tamise enregistraient de grosses pertes.

M. de Villèle l'apprenait sans regret, lui qui s'était donné comme consigne : « Être fort poli avec les Anglais, fort indifférent

(1) Villèle au duc d'Angoulême, 20 août 1823, IV, 341.

dans nos actes pour leurs prétentions. » Il avait très bien démasqué le jeu de l'Angleterre qui « voudrait voir établir partout des gouvernements représentatifs, parce qu'elle vit du désordre chez les autres et qu'elle sait bien que peu de pays sont en mesure de surmonter comme elle les difficultés et les dangers de semblables institutions (1). »

Il démêlait qu'Albion était la directrice secrète de nos adversaires en Espagne. Elle nous tiendrait tête à Séville et jusqu'à Cadix. N'ayant pas réussi à nous arrêter sur la route de Madrid, elle chercherait la première occasion de nous tendre, en d'autres chemins, des embûches.

Notre expédition, dont la rapidité l'avait déconcertée, prenait une grande envergure et embrassait méthodiquement la péninsule entière. C'est ainsi que nous poussions devant nous les forces « constitutionnelles » les plus solides à travers le pays de Léon et jusqu'en Galice. Nous reprenions, sans bourdon, ni coquilles, le pèlerinage de Saint-Jacques de Compostelle, en suivant, ce qu'on avait si longtemps appelé : la route des Français.

(1) Villèle au duc d'Angoulême, 21 juin 1823, IV, 106.

CHAPITRE II

LA MARCHE EN AVANT

— Le duc d'Angoulême descend en Andalousie. — Ordonnance d'Andujar (8 août). — Ses conséquences.

C'était l'aile droite de l'armée qui s'ouvrait ainsi en vaste éventail, au nord. Le commandement en avait été confié à un véritable homme de guerre, le général Bourke, qui possédait derrière lui une belle carrière militaire, ayant servi quatorze ans au régiment de Walsh ; aux colonies lors de l'expédition de Saint-Domingue ; à Austerlitz, à Wagram, en Espagne de 1810 à 1813, ayant bravement défendu Givet en 1814, Charleroi en 1815.

Il trouvait devant lui don Pablo Morillo, comte de Carthagène, marquis de la Puerta, lieutenant général, capitaine général de la Castille, qui avait gagné avec distinction ses titres, grades et emplois dans l'Amérique du Sud (1). Bon soldat, soucieux d'échapper à la politique de ces temps troublés, il servait le Roi sous le drapeau constitutionnel, en attendant l'heure de reprendre des couleurs plus honorables et mieux à son goût. Sa résistance ne pouvait être très énergique et,

(1) *Don Pablo Morillo*, par Antonio Rodriguez VILLA, Madrid, 1909.

sans les menaces virulentes de son second, Quiroga, un fanatique révolutionnaire trop compromis pour se dégager, il eût fait accord avec les Français qui s'avançaient. Les événements allaient lui imposer sa conduite.

Nous étions déjà sortis de Valladolid. « Nous fîmes notre entrée à Léon, sous des arcs de triomphe, aux acclamations des populations de la ville et des environs, qui étaient venues au-devant de nous à plus d'une lieue. Dès qu'on aperçut la tête de la colonne, précédée du général de division et de son état-major, toutes les cloches des églises furent mises en branle, toutes les maisons se pavoisèrent des plus belles tentures. Les femmes, dans leur toilette la plus élégante, étaient aux balcons et par leurs vivats applaudissaient à notre venue (1). »

Les hussards du général de la Rochejaquelein refoulaient les cavaliers espagnols et Morillo envoyait des parlementaires pour suspendre les hostilités. Les violences des Cortès à Séville, entraînant Ferdinand comme un otage, enlevaient à son sujet fidèle le dernier prétexte de soutenir la guerre

(1) *Souvenirs* du général DE LA MOTTEROUGE, I.

civile. Sans donner officiellement son adhésion à la Régence de Madrid, Morillo confiait les populations à une Junte locale et nous cédait le terrain. — Pour avancer la paix, il faisait poser les armes à son armée. Une partie s'y refusa pour se retirer jusque sur le littoral sous les ordres de Quiroga. Nos avant-gardes la poursuivirent par ces chemins pénibles où était passé, durant l'hiver de 1809, le maréchal Soult, courant lui aussi pour atteindre les colonnes de sir John Moore acculées à l'Océan. La résistance se concentrait, comme alors, derrière les remparts de la Corogne dont le port offrait une issue par la haute mer.

Un Anglais en paraissait l'âme : sir Robert Wilson, un de ces originaux britanniques, amis des excentricités sur le continent, qui mettent leur amour-propre à risquer des aventures et à prendre le contre-pied du chemin battu. Depuis qu'il s'était fait une renommée pour avoir concouru, lui, l'ennemi acharné de Bonaparte, à l'évasion de La Valette en 1815, il mettait son point d'honneur à suivre le drapeau « libéral »; et il n'en trouvait pas de mieux déployé qu'en Espagne, puisque aussi bien il servait en même temps la politique du ministère anglais.

Il était débarqué à Vigo, où il recevait un accueil enthousiaste, et depuis deux mois animait tout le pays contre les Français. L'argent ne lui manquait pas, il levait facilement 2 000 volontaires qui s'ajoutaient, dans les faubourgs de la ville, aux miliciens de Quiroga. Là encore, on rencontrait ces déserteurs qui s'étaient présentés sans succès devant nos troupes à la Bidassoa et qu'on eût aimé voir ailleurs ; contre le drapeau blanc ils dressèrent de nouveau leur étendard tricolore et voulurent essayer une sortie. « Ils ne furent pas longtemps hors de l'enceinte, dit le lieutenant de la Motterouge, alors officier au 24ᵉ de ligne : accueillis par une vive fusillade, hommes et drapeaux disparurent bientôt derrière les palissades. »

A l'attaque qui suivit, Robert Wilson fut gravement blessé et le colonel espagnol Torva tué. Quiroga, dans son exaltation, ne voulut rien entendre à une proposition de capitulation honorable ; il réclamait arrogamment la retraite des troupes françaises et menaçait de mort qui parlerait de reddition. Le blocus de la ville le ramena aux réalités. La mer était encore libre, peu à peu les plus compromis en profitèrent.

Sir Wilson qui, malgré sa blessure, s'évada pour aller soulever la province, où sa voix ne trouva plus l'écho des premiers jours, s'estima heureux de pouvoir gagner Cadix.

Quiroga, qui était allé demander du secours à Londres, vint l'y rejoindre. Les déserteurs français s'embarquèrent sur une goélette américaine qui les transporta en Angleterre.

Les miliciens de la Biscaye et de Santander crurent leur devoir accompli, surtout en présence d'une population rien moins que « libérale ». Alors la ville ouvrit très volontiers ses portes (21 août). Le comte de Bourke y entra, ayant à ses côtés le comte de Carthagène (Murillo) qui stipulait et obtenait toutes les garanties pour ses compatriotes. Le général royaliste reprit l'autorité au nom de Ferdinand et nos brigades occupèrent successivement Lugo, Santiago, Vigo, le Ferrol, coupant ainsi à l'Angleterre, sur les côtes de la Galice, ses communications clandestines par l'Océan.

A Madrid le généralissime, occupé, malgré lui, des difficultés politiques et administratives, avait plus volontiers l'œil ouvert sur les choses militaires.

Zayas s'était enfui à toute vitesse, moins pour éviter notre rencontre que le massacre auquel ses compatriotes de Madrid l'auraient voué certainement. Le général Vallin, après deux jours de marche forcée, regagna son avance et le rejoignit sur les bords du Tage ; mais, comme dit Fantin des Odoards, « atteindre un Espagnol en retraite n'est pas chose facile » : Zayas se jeta dans les bois qui bordent la route de l'Estramadure et échappa, en abandonnant ses bagages et ses caissons. Ceci se passait à une demi-heure de la plaine de Talavera et vengeait la bataille indécise du 27 juillet 1809.

L'avantage d'une poursuite en coup de main étant perdu, le duc d'Angoulême organisa plus méthodiquement la marche en avant. Deux colonnes mobiles se formèrent : le général Bordesoulle (7 000 hommes) ayant l'ordre de se porter sur Séville par Aranjuez, la Manche et Cordoue, commanda l'une ; la seconde (8 000 hommes), avec le comte de Bourmont, devait prendre à Talavera le général Vallin et se diriger par Truxillo sur l'Estramadure, pour opérer selon les circonstances et aller rejoindre à Séville la première colonne. Le double mouvement commença le 1er juin.

En s'enfuyant, les miliciens avaient crié bien haut qu'ils partaient nous couper la route au passage de la Sierra-Morena, « l'autel sur lequel les Français expieraient leur folle audace ». Et la chose était assez vraisemblable pour que nous pensions devoir prendre de grandes précautions.

Arrivé (le 8 juin) au défilé de Santa-Cruz, le duc de Dino, qui commandait notre avant-garde, résista d'abord aux instances des chasseurs de la Garde qui brûlaient d'en découdre ; enfin, il répondit à leur colonel : « Allons, d'Argoult, puisque vous le voulez, jetez-moi votre régiment sur ces marauds-là. » En dix minutes, malgré le feu à bout portant, les *negros* furent culbutés ; ils nous laissaient 300 prisonniers, 7 officiers supérieurs, 1 drapeau, les bagages, la caisse. Leur artillerie filait, notre cavalerie la rejoignit au galop dans les mauvais chemins de la montagne de Vilchès où elle enleva les pièces. Dans ces deux affaires importantes, le jeune prince de Carignan (1), qui n'avait pu voir

----

(1) Le futur Charles-Albert, héritier de la couronne de Sardaigne, voulait se faire pardonner son adhésion récente à une conspiration de la « Charbonnerie » dans son propre pays, en venant combattre les idées libérales sur le territoire

arriver à temps la brigade de dragons, à lui confiée, s'était présenté de sa personne, comme volontaire et avait sabré de tout son cœur : la nuit seule les arrêta. Il fallut des sonneries de trompette pour ne pas se perdre dans les ténèbres ; les chevaux étaient harassés, on se reposa à la Caroline et on arriva à Baylen (12 juin).

Les jeunes officiers de l'armée royale regrettaient que le combat de la veille n'ait pas eu lieu à cet endroit célèbre, il leur aurait plu d'effacer sur place le mauvais souvenir de la capitulation de Dupont et de montrer les fleurs de lys de France victorieuses, là où les aigles impériales avaient été trahies par la fortune. Le vieux général Castaños habitait Baylen, théâtre de sa gloire. Il offrit très cordialement l'hospitalité à notre État-major (1).

Bientôt nous entrions à Cordoue. Toute la noblesse et les autorités se présentèrent à cheval. L'accueil fut enthousiaste : sonneries des cloches, maisons pavoisées, acclamations de la foule, illuminations, concerts, faran-

espagnol. Il le faisait avec tout le courage personnel et l'ardeur illogique de son aventureuse existence.

(1) *Souvenirs* du vicomte DE BOISLECOMTE.

doles. Ce fut partout des danses au son des tambourins et des castagnettes, des embrassades générales et particulières ; on alla démolir « la pierre constitutionnelle » aux cris répétés de *mueran los negros*. On brisait les fenêtres des libéraux à coups de pierre, par représailles ; les moines excitaient les passions plus qu'ils ne les calmaient, criant : « A bas les ennemis de notre sainte religion ! »

On apprit alors que les Cortès, trouvant le voisinage dangereux, avaient évacué Séville, entraînant avec elles Ferdinand à Cadix. La déception fut grande ; il fallut attendre sur place.

De son côté la colonne du général de Bourmont, flanquée des volontaires royalistes de Merino, se portait sur la rive droite du Tage, chassait à Cacerès les autorités révolutionnaires, refoulait avec perte les guerillas de l'Empecinado et, au milieu de populations sympathiques et accueillantes, sans autres dangers que la fatigue de longues marches pénibles sous le soleil d'été, la difficulté de traverser les rivières sans matériel, l'embarras de ramasser les fuyards constitutionnels, leurs chevaux, leurs voitures, —

elle atteignait les remparts de Séville et les bords du Guadalquivir.

A sa vue les miliciens de Lopez Banos se précipitaient dans des barques ; et un peloton de nos dragons, retournant des obusiers que l'ennemi abandonnait sur la rive, coulait la petite flottille en détresse, sauf la chaloupe du chef qui, ayant pris la tête, voguait à pleines voiles et à force de rames vers Cadix.

Les deux colonnes françaises se rejoignaient à Puerto Santa Maria et à Puerto Real, sur la baie (24 juin).

Leur présence coupe la communication avec la terre ferme. Le dernier acte du drame va se passer là.

Pour le comprendre, il faut connaître les événements de Séville d'où Ferdinand fut arraché de force, et apprendre comment le duc d'Angoulême y arriva à son tour.

Quand, vers le milieu d'avril, ils avaient fui Madrid, les députés trouvèrent mille difficultés sur la route et coururent même des dangers pour leur vie. Ce qui ne les empêcha pas, une fois en sûreté, de parler de leur « marche triomphale », de jurer de verser leur sang et de porter une déclaration de guerre solennelle à la France « pour punir son audace ».

Les Cortès appuyèrent ces mesures pure-ment déclamatoires de la levée d'une « légion libérale étrangère », d'un emprunt forcé de 200 millions, du séquestre des biens de tout Espagnol qui suivrait nos drapeaux, de la peine capitale pour ceux qui accepteraient des fonctions de nos mains. — Toutes ces mesures demeurèrent platoniques et le nom de Ferdinand, qui figure au bas des décrets. s'y trouve apposé malgré lui. — Pour plus de sûreté, à l'annonce de la déroute des troupes constitutionnelles et de la marche du général de Bourmont, on veut emmener le monarque en dépit de ses résistances.

La journée (9 juin) se passe en paroles, en propositions, en menaces. La consternation règne et la confusion aussi. Les miliciens veulent enlever le Roi, comme une garantie pour eux-mêmes : la population prétend le garder comme une sauvegarde. Ferdinand déclare que sa conscience aussi bien que sa santé lui défendent de se mettre en route. Alors, les Cortès, à une quasi unanimité (il n'y eut que six voix contraires) décident que le cas se présente de regarder Sa Majesté en « état d'empêchement moral » et qu'on va nommer une Régence provisoire qui sera, pendant la translation de sa personne, investie de la plénitude de son pouvoir.

Ce furent don Cajetano Valdès, don Gabriel de Ciscar, don Gaspar de Vigodet, personnages en effet importants et de valeur, qui s'étaient distingués dans la flotte, dans l'armée, au Conseil d'État.

Humiliés d'être sans façon mis de côté, les ministres résignèrent leurs fonctions. On s'adressa mutuellement des messages et des reproches ; et, ce soin accompli, chacun voulut s'évader. Mais les moyens de transport manquaient. Pêle-mêle sur des charrettes, dans des barques, on jetait meubles, vêtements, vivres, bagages hétéroclites, on se précipitait soi-même.

Les voitures de la Cour partirent à la nuit (12 juin), entourées d'une escorte que commandait, pour plus de sûreté, Riego en personne. Ses brutalités insolentes rappellent les procédés du municipal Jacques Roux venant chercher Louis XVI à la Tour du Temple, et refusant de prendre le testament que lui tendait le Roi, parce que, répondit-il : « Je suis seulement chargé de vous conduire à l'échafaud. » Ferdinand hésitait sur le seuil de l'Alcazar ; et Riego, qui avait fait avancer l'attelage des mules, s'écria : « Prenez-moi cet imbécile-là, et jetez-le dans la voiture. — Suis-je donc fait pour l'attendre? »

On dit que, pendant le trajet, Ferdinand courut même les plus grands dangers, et qu'il n'y aurait échappé qu'en faisant à propos le signe de détresse maçonnique, auquel on l'avait initié (1).

A peine le peloton avait-il dépassé le faubourg de Triana, qu'une multitude de vagabonds se répandit dans les rues, alla forcer les portes, se livrant à mille excès, aux cris de « Vive Ferdinand, vive la Religion ! » Au jour la populace courut briser la pierre de la Constitution et saccagea le Café Turc où le Club libéral tenait ses séances. Dans le désordre un grand bruit domina un moment les cris et les chants : c'était le magasin à poudre, installé dans l'ancien palais de l'In-quisition, qui sautait en l'air, tuant et bles-sant 200 personnes sous ses ruines. — La contre-révolution se déchaînait brutale et sanglante.

Les bandes constitutionnelles qui se re-pliaient devant nous, croyant trouver à

____

(1) Don Vicente DE LA FUENTE, *Historia de los Sociedades secretas en España*, I, 407.

Séville un refuge, y augmentèrent la confusion et la lutte. Accueillies à coups de fusil par leurs compatriotes royalistes barricadés dans les ruelles, elles campèrent de vive force ; leur chef Lopez Banos enleva les dernières pièces de l'argenterie des églises qui n'avaient pas été volées encore et, coupé de tous côtés, il se rejeta vers le Portugal puisque Bordesoulle lui barrait la route de Cadix et que Bourmont le pressait sur celle de Cordoue.

Le 21 juin, Bourmont, Foissac-Latour, à la tête de la garde royale, entraient à Séville, reçus au son des cloches, avec des fleurs et des couronnes.

*\
* *

Les scènes qui venaient de se passer à Séville rallumèrent plus que jamais à Madrid la rage dont la population était animée contre les *negros*, sobriquet méprisant dont elle se servait vis-à-vis des partisans des Cortès. La Régence appuyait et partageait cette intransigeance ; présidée par le duc de l'Infantado, elle rendait (23 juin) un décret de haute trahison et de lèse-majesté contre les députés qui venaient de violenter le Roi. Les arrestations déjà nombreuses se multiplièrent, les prisons se trouvèrent remplies. Les parents furent considérés comme otages pour la sûreté de la famille royale. Libérer Ferdinand devenait pour tous l'objectif le plus pressant.

Au duc d'Angoulême, embarrassé de son personnage, hésitant entre ses devoirs de généralissime et de prince français, et qui, par modestie, prudence, et en somme hésitation de caractère, posait à distance une foule de questions, — M. de Villèle répondait : « Cette délivrance du Roi est la palme de la campagne. Pourquoi Votre Altesse n'irait-elle pas la cueillir elle-même? (1) » — Dans chacune de ses lettres le ministre poussait le prince sur le chemin de Cadix, l'incitait à demander, lui promettait l'envoi de tout ce qu'il voudrait : argent, armements, munitions. Sa sagesse de financier comprenait bien que le plus coûteux à la guerre c'est de perdre le temps et l'occasion, et qu'une grosse dépense pour enlever le succès est moins onéreuse que les économies qui laissent languir la situation. Sa correspondance témoigne d'une impatience légitime. Et comme il se

(1) Lettre du 17 juillet 1823.

défie un peu des talents militaires de Monseigneur, il lui suggère, en un charmant euphémisme, « de faire seconder ses opérations par une partie du corps de Molitor et par cet excellent général lui-même (1) »

Avant de quitter Madrid, le généralissime avait fait une répartition nouvelle et bien précisée des forces françaises :

Le maréchal duc de Reggio (Ier corps) eut le commandement supérieur des provinces de Castille, Estramadure, Léon, Salamanque, Galice et Asturies ; et son quartier général à Madrid.

Le prince de Hohenlohe (IIIe corps), celui des provinces de Santander, Burgos, Soria, Alava et Biscaye ; son quartier général à Burgos.

Le maréchal marquis de Lauriston, commandant en chef le Ve corps, les provinces de Guipuscoa, Navarre, Aragon ; quartier général à Tolosa.

Le lieutenant général comte Molitor (IIe corps) celui des royaumes de Valence Murcie et Grenade.

Le général baron de Foissac-Latour, celui

____

(1) Lettre du 31 juillet 1823, IV, 473.

des royaumes de Cordoue et de Jaën, à la tête d'une colonne d'opérations.

Enfin, le lieutenant général comte de Bordesoulle, commandant le corps de réserve, le commandement de Séville et des opérations en face de Cadix ; son quartier général fixé à Puerto de Santa Maria.

Le Prince hâta ses derniers préparatifs. Un incident lui fit souhaiter plus encore de se trouver en campagne au milieu de nos soldats. Le dimanche 28 juillet, à la sortie de la messe militaire à laquelle il venait d'assister dans le couvent d'*El Espirito Santo*, le feu se déclara, allumé soudain aux quatre coins de l'église ; les pompes faisant défaut, il brûla tout le jour. Le peuple s'anima fort à ce spectacle et, croyant à un attentat, voulut faire un mauvais parti aux constitutionnels qui se barricadèrent chez eux. Il y eut bien des coups de poignard distribués sans ménagements et des arrestations sans modération.

Les ministres ne doutaient pas d'un complot et agissaient en conséquence. Le prince au contraire ne parut pas se troubler, peut-être pour ne pas troubler les autres, et ses officiers eurent pour consigne de parler d'un fâcheux hasard. « Il n'y a que les libéraux de l'état-major qui soutiennent une pareille absurdité, » dit un témoin de l'accident (1).

Affectant l'indifférence et dédaigneux du danger, le duc d'Angoulême quitta Madrid où il laissait le maréchal Oudinot avec 4 000 baïonnettes et 1 000 sabres. Il avait exigé que la Régence, qui se préparait à le suivre, ne l'accompagnât pas ; il voulait conserver à son quartier général son allure militaire et, vis-à-vis des provinces qu'il allait traverser, écarter l'apparence d'un voyage politique, la responsabilité de représailles ; il voulait fuir aussi les réclamations incessantes dont il était assailli. Les Régents ne pouvaient que prendre en mauvaise part cette suspicion légitime ; ils allaient bientôt violer la consigne qu'on leur imposait et exhaler leur mauvaise humeur à la première occasion que le Prince leur fournirait.

Dès son contact avec les paysans des plaines de la Manche et plus encore avec les montagnards de la Sierra, Monseigneur avait été frappé de la chaleur des sentiments des populations royalistes. — A peine apercevait-on les avant-gardes de nos colonnes que les

(1) Blosseville. Lettre du 28 juillet.

habitants sortaient en foule ; le bruit des cloches assourdissait les oreilles, et les acclamations s'élevaient : « Vive la Religion, vive le Roi, Vivent les Français ! » avec les cris corrélatifs : « A bas la Constitution, à mort les *negros !* » — « Exclamations proférées avec un accent inexprimable de plaisir et de fureur qui rappelait celui des sauvages dansant autour de leurs victimes (1). » Nos officiers avaient mille peines à protéger, quand il en était temps encore, les hommes connus pour avoir pris parti en faveur d'une cause abhorrée, et même leurs femmes, leurs filles, tremblantes derrière les grilles de leur maison.

Hélas ! Des motifs profonds et des violences initiales avaient déchaîné cette unanimité d'exécration dans toute l'Espagne. Les enragés d'aujourd'hui étaient les victimes d'hier. Depuis dix ans, les sociétés secrètes avaient embrigadé les ambitieux sans aveu, les esprits en éveil, les militaires aventureux sortis de cette génération élevée aux jours de misère de l'invasion, et préparée par les brutalités de la guerre étrangère aux excès

______

(1) Vicomte DE BOISLECOMTE, *Souvenirs de la campagne de 1823.*

de la guerre civile. Les politiciens s'étaient emparés des places, s'en étaient vus chassés, puis les avaient reprises, prétendaient imposer leur empire éphémère par mille vexations, amendes, contributions arbitraires, insultes au Roi, injures aux choses sacrées. Leurs adversaires les redoutaient comme des Jacobins de 93 et leur vanité ne répudiait pas la comparaison. L'heure sonnait de payer des violences par des violences. La férocité ne choquait pas le caractère national. Il eût été odieux à des Français de s'y associer et de les laisser commettre à l'ombre du drapeau blanc, sans protestation ni résistance.

Irrité plus que personne de ce qu'il voyait et entendait, le duc d'Angoulême demeurait inquiet des nouvelles qui lui arrivaient chaque jour de cette réaction à craindre. De loin, M. de Villèle n'avait pas manqué de la prévoir, recommandant « de ne pas soutenir le retour à un *absolu* absurde qui compromettrait de nouveau le bonheur et le repos de l'Espagne (1) ». Mais sa sagesse ajoutait : « Sans afficher l'intention de dicter des lois. »

Malheureusement le duc d'Angoulême

______

(1) Lettre du 5 juillet 1823.

tomba précisément dans cette faute. Il était excité par son état-major assez méprisant pour les Espagnols et pensant qu'un ordre suffirait pour arrêter des élans mal réglés. Le Prince avait « un cœur de brave, mais une tête de linotte », a dit Frénilly (fort méchante langue, comme on sait) ; mis en colère par les doléances complaisamment placées sous ses yeux au sujet d'arrestations arbitraires, il fit rédiger une ordonnance par le général Guilleminot, la contresigna avec empressement et donna l'ordre de la faire afficher partout. — Elle est datée du 8 août, à Andujar.

Elle défendait aux autorités espagnoles de faire désormais aucune arrestation sans l'autorisation des commandants de troupes françaises ;

Ordonnait l'élargissement de tous les détenus politiques, notamment des miliciens désarmés ;

Prescrivait l'arrestation des fonctionnaires espagnols qui contreviendraient à ces prescriptions :

Et plaçait tous les journaux sous la surveillance directe des autorités militaires françaises.

Pavé dans la mare aux grenouilles ! Le duc d'Angoulême avait eu une bonne intention et une mauvaise idée. N'était-ce pas trahir la cause que l'on était venu défendre que d' « élargir » ses adversaires? Un scandale et un danger que de rendre à la guerre civile tous les soldats d'un parti qui venaient d'en être écartés? Cette lutte, non encore terminée, n'allait-elle pas renaître plus ardente avec les éléments qu'on lui fournissait? Ouvrir les prisons, c'était outrager la justice, décourager les fidélités, compromettre la tranquillité générale.

L'ordonnance d'Andujar suscita les protestations les plus vives. L'orgueil castillan était touché au vif. Les « patriotes » y virent une injure et changèrent en menaces les acclamations de la veille. Les volontaires de Navarre, avec l'emphase sans danger d'une exagération oratoire, traduisaient cet esprit de chauvinisme dans une adresse courroucée : « Que l'Espagne soit couverte des cadavres de ses enfants plutôt que de subir le joug de l'étranger ! » Ces gens manquaient de mesure et de reconnaissance.

Pour être moins menaçante, l'opinion à Madrid ne se traduisait pas avec plus de calme. On avait d'abord cru à la délivrance de Ferdinand et sonné les cloches, orné les balcons, tiré des fusées. Des bourgeois, des officiers, des ecclésiastiques, des ouvriers criaient, en façon de conclusion : « A bas les libéraux, à bas les Chambres ! » — Nos patrouilles faisaient très tranquillement le service d'ordre parmi la foule. — Il n'en fut plus de même à l'annonce que les arrestations ordonnées par les Régents ne seraient pas maintenues ; les rassemblements devinrent tumultueux à la *Puerta del sol;* des orateurs improvisés firent l'éloge du pouvoir royal absolu, du tribunal de l'Inquisition, réclamant les anciennes coutumes, rappelant les brutalités récentes dont ils prétendaient avoir été les victimes pendant la domination des constitutionnels. Aussi ce fut une tempête contre les « negros » et des cris unanimes pour refuser des ménagements à des gens qui n'avaient ménagé personne. Des adresses de protestation à la Régence furent couvertes de signatures par tous les paysans qui savaient écrire. Et l'agitation gagna bientôt les rues de la ville.

A ces mauvais bruits, le maréchal Oudinot estima sage, prudent, de ne pas exciter les colères aveugles ; il prescrivit de conserver en paquets l'ordonnance chez l'imprimeur, et surtout de ne plus faire sortir de prison des détenus politiques espagnols, dont on avait déjà libéré une vingtaine.

Sur place, en face des réalités, nombre d'officiers français comprenaient l'inopportunité de l'affichage de la pièce. Bourmont le blâmait ouvertement. M. de Talaru en signalait l'effet malheureux universellement produit.

De loin, à la réflexion, l'impression était la même. Dès qu'il la connut, le comte d'Artois apprécia très clairement la faute de son fils : « Dieu veuille que je me trompe, disait-il à M. de Villèle, mais je suis un peu effrayé du ton et du contenu de cette ordonnance. Elle est bien absolue d'une part et, de l'autre, elle me paraît de nature à exaspérer un grand nombre d'Espagnols. »

A Paris, dans la même note, les royalistes se déclarent hostiles à un acte qui nous aliène, disait *le Drapeau blanc*, « un peuple idolâtre de son Roi, de son culte et de sa patrie ». Et, par contre, les journaux libéraux accablent le duc d'Angoulême d'éloges compromettants. Le corps diplomatique s'alarma. Le Conseil des ministres crut devoir écrire au Prince pour le prier de modifier une mesure de prudence dont les conséquences devenaient périlleuses. M. de Villèle reconnaissait « l'utilité d'assurer les pouvoirs des autorités espagnoles municipales et judiciaires »; il écrivait au général Guilleminot : « Adoucissez autant que vous le pourrez l'exécution de l'ordonnance. Nous ne pouvons rien faire sans l'union avec la population royaliste. » — Et ce général reçut la mission pénible de commenter auprès des généraux français, en un sens tout différent de celui qu'il voulait, l'ordonnance qu'il avait inspirée.

Afin de sortir d'embarras, on adopta un moyen terme : la Régence prit à son actif le soin de surveiller les arrestations ; sous sa signature, un règlement de police, qu'elle repoussait, lui parut légitime ; elle fit revivre, ingénieusement et ingénument, un ancien décret de Ferdinand VII sur les détentions arbitraires. Ainsi les choses d'Espagne étaient réglées par les lois espagnoles.

Ainsi pour la cause commune chacun s'inclina devant un accord nécessaire. Même le duc d'Angoulême ne s'entêta point et écrivit de bonne grâce : « Tout le monde peut se tromper, je ne me crois pas plus infaillible qu'un autre. Mais je puis vous certifier qu'il n'existe pas une position plus difficile que la mienne. Étant en Espagne, je saurai toujours soutenir la dignité du Roi et celle de mon pays. » En réalité, son découragement était profond : dans une note à Louis XVIII, il ne le cachait pas : « Il n'y a rien de bon à faire ici, ce pays se déchirera pendant bien des années, mais, je crois, sans danger pour nous. »

Pour conclure sur l'affaire d'Andujar, Chateaubriand semble bien en avoir compris et résumé le péril en écrivant plus tard dans son *Congrès de Vérone* : « L'ordonnance, politiquement, fut une faute dangereuse. Déclarer aux royalistes qu'on favorisait les libéraux, c'était armer contre nous le clergé, les moines, la population entière, cette population qui nous ouvrait ses portes. »

Les divers épisodes qui entourent cette ordonnance fameuse d'Andujar peuvent paraître un peu confus et ont été déformés dans les deux sens au gré des passions politiques. Il semble que les choses soient mises au point et l'affaire ramenée à sa précision

par la dépêche, très claire de fond, très nette
de forme, envoyée par Chateaubriand à
M. de la Ferronnays, notre ambassadeur en
Russie :

« On avait fait à Burgos, ainsi que dans
plusieurs autres villes d'Espagne, des arrestations arbitraires extrêmement nombreuses.
Les moindres inconvénients de ces arrestations étaient de susciter des ennemis sans
cesse renaissants à nos armées. Pour faire
cesser ces désordres, qui compromettaient
la sécurité de nos troupes, le commandant de
Burgos fit mettre en liberté tous les détenus
qui n'étaient pas arrêtés en vertu d'ordres
émanés des tribunaux. La Régence s'en tint
offensée et M. Saëz écrivit à M. de Talaru
une lettre dans laquelle il demandait d'un
ton menaçant une *prompte réparation*. Cette
note fut malheureusement communiquée à
Monseigneur, qui, justement offensé qu'on
ne reconnût pas mieux ses travaux et ses
sacrifices, donna, de premier mouvement,
à Andujar une Ordonnance par laquelle il
déclare qu'aucune arrestation ne pourra
avoir lieu dans les places occupées par ses
troupes sans l'autorisation du commandant
de ces troupes ; et, comme les journaux de

Madrid avaient osé insulter l'armée française, cette ordonnance mettait les journaux sous la surveillance militaire. Là-dessus, grand bruit : *l'indépendance de la Régence méconnue, la justice violée, la cause royaliste sacrifiée à la cause révolutionnaire,* etc., etc. Les agents de l'Angleterre soufflaient le feu, les partisans des Cortès cherchaient à faire naître une division sérieuse entre nous et le parti royaliste ; des intrigants s'agitaient et des moines fanatiques excitaient la populace. MM. Bulgary (1) et Brunetti (2), qui sont bien jeunes pour la besogne dont ils sont chargés, s'emportèrent d'abord, mais ils revinrent ensuite à un sentiment plus juste de la position des choses. M. Royez (3) fut constamment bien et aperçut dès le premier moment le danger immense qu'il y aurait eu à montrer la moindre division entre les représentants de l'alliance, dans une pareille circonstance. L'Ordonnance sans doute a des inconvénients : un magistrat, un ambassadeur ne l'aurait pas rédigée telle qu'elle est, ou plutôt aurait conseillé toute autre mesure.

(1) Comte de Bulgary, ministre de Russie à Madrid.
(2) Comte de Brunetti, ministre d'Autriche à Madrid.
(3) M. Royez, ministre de Prusse à Madrid.

Mais qu'est-ce après tout qu'une ordonnance échappée à un général qui voit sa parole comptée pour rien, ses troupes exposées par des violences fanatiques? A un général dont l'humeur est trop naturellement provoquée par une note menaçante? Qu'est-ce, dis-je, que cette Ordonnance mise en contre-poids à tous nos sacrifices et aux vertus d'un Prince véritablement admirable? Notre sang coule dans toutes les provinces de l'Espagne pour la cause des royalistes espagnols, cause qu'ils défendent eux-mêmes si mal; nos soldats, au milieu de toutes les privations sous un soleil brûlant, gardent la discipline la plus incroyable; 150 millions ont déjà été répandus par nous dans la péninsule. Un prince héritier du trône de France expose à tous moments sa vie pour délivrer le roi Ferdinand et arracher l'Espagne à la faction; et tout cela serait mis en oubli parce qu'une Ordonnance, juste au fond, quoique défectueuse dans la forme, est venue mettre un frein à l'esprit de réaction et de vengeance, et contrarier les vues de ceux qui ne poussaient peut-être à ces rigueurs excessives que pour nous contraindre à nous retirer sur l'Èbre? On a enfin senti ce qu'il y aurait d'ingrat et d'impolitique à faire tant de bruit. La Régence, qui avait envoyé une note à la conférence, l'a retirée ; les représentants des Cours ont cessé d'insister sur des démarches intempestives. La Régence a ordonné elle-même l'ouverture des prisons et député un officier à Monseigneur pour l'engager à modifier son arrêté. Tout s'est calmé et l'on attend en paix les événements de Cadix (1). »

(1) Paris, 23 août 1823.

CHAPITRE III

LA DÉFAITE DE LA RÉSISTANCE

A Cadix. — Le roi prisonnier : les Cortès délibèrent. — Sortie du 16 juillet. — Lettre du duc d'Angoulême à Ferdinand VII (17 août); réponse de celui-ci (21 août). — L'escadre française fait le blocus. — La prise du Trocadéro (31 août). — Riego va chercher du secours, il échoue dans la province de Malaga où Ballesteros vient de faire sa soumission.—Poursuivi, battu, capturé, Riego est pendu à Madrid.

La lutte en Catalogne. — L'activité de Milans contre Moncey. — Blocus de Barcelone. — Le baron de Damas occupe Figuières; vainqueur à Llers et à Llado. — Prise de Pampelune et de Saint-Sébastien.

Agitation dans Cadix. — Fin des Cortès. — Prise du fort de Santi Petri. — Propositions et capitulation (30 septembre). — Liberté du roi Ferdinand accueilli par le duc d'Angoulême qui ne peut obtenir de lui de mesures de clémence.

Retour du généralissime à Séville et à Madrid. — Mesures politiques des Espagnols. — Conduite généreuse des Français. — Récompenses à l'armée. — Arrivée de Ferdinand à Madrid. — Capitulation de Barcelone. — Fin de la guerre.

Le duc d'Angoulême, généralissime, allait trouver sur le terrain, comme militaire, les satisfactions qui lui échappaient dans le domaine politique. Il se hâtait d'arriver devant Cadix où la suprême résistance s'était réfugiée.

Derrière les parapets de la muraille et les flots de la baie, Ferdinand avait été introduit au soir du 15 juin. Le bâtiment de la Douane, où l'on pensait le garder à vue, n'était pas prêt. La famille royale fut logée, çà et là, chez de riches particuliers. Quelques députés avaient couru s'assembler dans l'église San Felipe Neri, où s'étaient tenues les Cortès de 1812 ; et la joie de ces partisans de la Constitution avait paru grande d'entrer dans ce cénacle où elle avait été élaborée. Ils décidèrent de rendre les pouvoirs royaux à Ferdinand qui, par un sourire de dédain, répondit à la délégation venue l'informer officiellement : « Ah ! Ah ! Je ne suis donc plus fou? (1) ». Et il leur tourna le dos.

Sauf le délégué à la guerre (Don Sanchez Salvador), qui se coupa le cou, les ministres reprirent leurs fonctions ; les députés leurs séances. Ils étaient arrivés, en fuite, éperdus, entassés dans des barques, au fil du Guadal-

---

(1) Mesonero Romanos, *Memorias de un setenton*. I. 300.

quivir ; et ces figures effarées, ce débarquement piteux autorisèrent le président à les féliciter « de n'avoir pas présenté au peuple la pompe inutile d'un cérémonial dispendieux ».

Et puis ils se livrèrent, en gens échappés du danger qui veulent s'illusionner sur la fin de leur puissance, aux passions de la rancune : suspension des articles de cette Constitution tant vantée qui semblait tout d'un coup entraver leurs fureurs ; arrestation des suspects, contributions imprévues, privation des droits civiques aux Espagnols ayant adhéré à la Régence de Madrid, nommément les membres de la Grandesse signataires de l'adresse au duc d'Angoulême, déclarés traîtres, indignes du nom espagnol, leurs biens séquestrés, leur rang perdu, pensions et revenus confisqués. Mais ces énergies d'énergumènes n'avaient terre où pouvoir s'exercer. Un seul espoir restait permis : briser le cercle armé qui entourait la ville.

L'armée encore importante et certainement courageuse s'irritait des sarcasmes que lui prodiguaient les Gaditans, exaspérés du blocus. C'était la satisfaire que de lui donner l'occasion d'une sortie. On réunit 8 à

9 000 hommes, protégés par 60 canons de gros calibre, et le 16 juillet ils débouchaient en trois colonnes de l'île de Léon pour attaquer la ligne française sur les points de Chiclana et de Puerto Real. Le général de Bordesoulle les laissa approcher et par un recul adroit les attira plus loin qu'ils ne voulaient aller. Une charge à la baïonnette de nos fantassins décida de la journée, l'ennemi fut ramené sous ses batteries et les 2e et 8e dragons, ayant joint les Espagnols au moment où ils cherchaient à se réunir sous la protection de leurs chaloupes canonnières, les culbutèrent dans la mer. L'ardeur des soldats était telle que le général de Béthisy fut obligé de mettre son cheval à l'eau pour arrêter plusieurs grenadiers qui, ayant suivi les dragons à la course, voulaient aborder à la nage les chaloupes qui s'éloignaient. « Des prisonniers rapportaient qu'afin de mieux électriser les miliciens on leur avait fait passer la nuit à un banquet patriotique, dans lequel tous avaient prêté le serment de vaincre ou de mourir (1). »

Les libéraux enfermés dans la place forte

(1) BOISLECOMTE, *Souvenirs de la campagne de* 1823.

qui servait de prison au Roi, avaient joué leur dernière partie et l'avaient perdue. Ils avaient augmenté leurs torts et diminué leurs forces. Les Cortès, c'est-à-dire une centaine de fanfarons, clôturèrent le 5 août les séances fantomatiques qu'elles tenaient. Laissés à eux-mêmes, les ministres montrèrent aussitôt plus de prudence : ils firent transporter aux Canaries une douzaine d'Espagnols trop exaltés, laissèrent inoccupés — comme compromettants, — les déserteurs français échoués à Cadix après les insuccès de la Bidassoa et de la Corogne, — et récusèrent les services qu'offrait encore le malheureux Robert Wilson, devenu un aventurier excentrique à leurs yeux. — Par contre, ils envoyaient, pour solliciter une intervention britannique, dépêches sur dépêches à l'ambassadeur sir William A'Court, retiré à Gibraltar.

Le peuple de Cadix demeurait rebelle à l'enthousiasme et sentait bien le péril où il était jeté malgré lui. L'esprit brillant des plaisanteries gaditanes, qui, lors du siège du maréchal Soult, avait soulevé des rires de bon aloi et soutenu les courages, ne se retrouvait point ; les poésies, couplets, chansons qui nous sont parvenus de l'été de 1823 restent lourds, plats, parfaitement ridicules, car l'élan ni la sincérité n'y sont plus. Toute l'énergie se répand en paroles insolentes. L'unique périodique qui paraît (son titre seul indique la hâblerie de ses mensonges), le *Journal de la Cour*, n'insère dans ses colonnes que prophéties lugubres et furieuses invectives contre « les Français, les Russes les Autrichiens, les Prussiens, contre tout le monde et en particulier contre les ministres Metternich, Nesselrode, Canning et Chateaubriand, qui nous avaient fait présent de *cent mille enfants de Saint Louis* (1) », dit Mesonero Romanos.

A la tête de ces cent mille « enfants de Saint Louis », le duc d'Angoulême arrivait. Installé à Sainte-Marie, il faisait porter, sous pavillon parlementaire, par un de ses aides de camp, le colonel de la Hitte, une lettre au Roi engageant Sa Majesté à user de clémence, à accorder une amnistie dès que l'Espagne serait délivrée du joug révolutionnaire, à donner au royaume des garanties de l'ordre que les Français venaient

(1) *Memorias de un setenton*, I, 304.

rétablir. — « Si d'ici à cinq jours Votre Majesté est encore privée de sa liberté, j'aurai recours à la force pour la lui rendre. Ceux qui écouteraient leurs passions de préférence à l'intérêt de leur pays répondront seuls du sang qui sera versé. »

Renfermé sous bonne garde dans le bâtiment de la Douane, Ferdinand pouvait bien contempler avec une lorgnette, du haut de la galerie, le pavillon français arboré sur les maisons de Puerto Santa Maria, mais il en restait fort éloigné moralement. Après beaucoup de difficultés, il reçut la lettre de son cousin, mais on lui dicta la réponse dont l'écriture seule était de sa main. Elle conservait ce ton ironique que les constitutionnels avaient adopté et qui est d'autant plus ridicule quand ceux qui l'emploient sont en pleine déroute : « Le joug dont Votre Altesse prétend avoir délivré l'Espagne n'a jamais existé et je n'ai jamais été privé d'aucune autre liberté que de celle dont les opérations de l'armée française m'ont dépouillé. » Il récusait les conseils de Louis XVIII, les injonctions du duc d'Angoulême et parlait de la médiation de l'Angleterre.

Pour appuyer cette dernière manœuvre,

on vit arriver au quartier général, sans qu'on sût bien à quel titre, M. Elliot, de la part du cabinet de Londres, pour presser le généralissime de garantir à l'Espagne une « Constitution représentative ». Cette intrusion était au moins déplacée, déplaisante certainement et ne souffrait pas de pourparlers. Le messager fut éconduit.

La tentative pour amener un dénouement pacifique ayant échoué, il n'y avait plus qu'à réduire la résistance et éteindre au plus tôt le foyer de l'incendie. Les précédents n'étaient pas très favorables : le blocus de Cadix par les armées impériales, avec des chefs comme Victor et Soult, avait duré trois ans sans résultat. Mais les circonstances se présentaient tout autres.

Sans avoir recours au moyen évoqué par M. de Villèle qui rappelait qu'il n'est pas de place imprenable quand un mulet chargé d'or peut y pénétrer ; — sans attacher d'importance aux conceptions militaires de Chateaubriand, suggérant, du fond de son cabinet, un plan d'attaque au général Guilleminot ; — sans exagérer les soins que se donnait Hyde de Neuville, ambassadeur à Lisbonne, pour faire fabriquer des rames destinées à nos barques et canonnières ; — il était certain que les préparatifs d'un blocus, d'un siège, d'une attaque, étaient poussés avec beaucoup d'ardeur, en face du découragement des troupes constitutionnelles affaiblies, de l'émoi des chefs réduits aux derniers expédients et de l'inertie d'une population disposée à ne pas se mêler à leur agonie politique, si même elle ne devait pas secouer le poids de leur intrusion dangereuse.

De loin, Louis XVIII estimait que les choses étaient arrivées au point qu'il suffisait de changer de camp la présence du Roi pour terminer la guerre en lui enlevant sa cause. On eut la pensée d'arracher Ferdinand à sa captivité. Les moyens romanesques se présentèrent. Des Anglais royalistes, habiles aux choses de la mer, vinrent proposer de partir de Londres sur « un bateau à vapeur qui fait quatre lieues à l'heure », d'aller à Cadix et d'y enlever le Roi, par un jour de calme.

La prudence de M. de Villèle les éconduisit. « Je n'ai pas voulu laisser mettre sous la main des Cortès un tel moyen de nous enlever le Roi. Il faut songer au parti qu'ils pourraient tirer de ce mauvais bateau s'ils l'avaient à leur disposition (1). » La possibilité de cette évasion le préoccupait, et son activité d'esprit allait jusqu'à prévoir la façon pour notre escadre de prendre le vaisseau qui sortirait du port, chargé de son précieux passager : « ... diriger tous les coups sur la mâture de ce bâtiment jusqu'à ce que, l'ayant totalement désemparé, on pût l'entourer et l'aborder pour délivrer le Roi sans compromettre sa vie. »

Aussi fut-il inquiet et mécontent, « honteux pour notre marine, » d'apprendre que l'amiral Hamelin venait de laisser entrer une frégate anglaise et sortir Riego qui allait chercher un refuge à Gibraltar pour gagner Malaga. « J'ai été marin, écrivait-il, pour mon malheur en cette occasion, parce que j'en sens plus vivement les fautes qu'il me semble que fait notre marine. Comment les vaisseaux en croisière devant Cadix n'ont-ils pas formé une flottille pour empêcher l'introduction des provisions? Nous sommes dans la plus belle saison de l'année ; est-il possible que ce que j'ai vu faire si constamment aux croiseurs anglais, nous ne puissions le faire nous-mêmes? »

(1) Villèle au duc d'Angoulême, 8 juillet 1823. *Correspondance*, IV, 211.

L'amiral Hamelin, chef de notre escadre (le *Centaure*, le *Trident*, le *Colosse*, la *Guerrière*, plus quatre frégates et des petits bateaux), était malade, affolé ; il demanda à être relevé, l'amiral des Rotours le remplaça ; et bientôt on envoya, pour prendre la direction, l'amiral Duperré, qui arriva, d'ailleurs, quand tout était fini.

La parole devait être laissée à l'armée de terre. Le général Dode de la Brunerie, qui commandait le génie, fit ouvrir une tranchée par ses sapeurs dans la nuit du 19 août devant la masse du Trocadéro ; et, le lendemain soir, commença à s'élever une redoute carrée. On fut bien dérangé par une pointe audacieuse des Espagnols, mais tout se trouva prêt pour enlever « en silence » la clef de la position. Les instructions du duc d'Angoulême parlaient d'une attaque subite : « Les soldats se reconnaîtront par le cri de « Vive le Roi ! » qui sera toujours pour eux le gage assuré de la victoire. »

Le 30 au matin, une canonnade violente eut pour but de fatiguer l'ennemi et de le distraire dans ses précautions. Et de fait, les constitutionnels se méprirent si bien sur notre action et même notre position qu'au même moment ils faisaient courir le bruit de notre échec et le célébraient par des illuminations et un concert !

L'armée ayant pris les armes sur toute la ligne, trois colonnes se mettaient en marche sous les ordres des généraux Obert, Goujeon et des Cars. — Un capitaine des grenadiers de la Garde, le chevalier de la Villatte, sauta dans le canal, et ses hommes le suivirent à la nage tenant fusils et gibernes à bout de bras au-dessus de l'eau. —- Tout le monde s'accroche aux fascines et franchit les retranchements avec un tonnerre de cris de : « Vive le Roi ! » — Les artilleurs espagnols, surpris, se font tuer autour de leurs pièces, mais leur fusillade est impuissante contre nos baïonnettes. L'assaut reprend : un moulin, des buttes de sable, des maisons, des fossés sont enlevés aux constitutionnels débusqués à travers les rochers et les fondrières. Avant 9 heures nous sommes maîtres de la presqu'île d'où le château de Matogorda tient en échec la pointe adverse de Puntalès, et la ville de Cadix à la distance la plus rapprochée. — 250 constitutionnels à peine ont pu s'embarquer, près de 500 sont tués ou blessés, plus de 1 000 prisonniers, entre autres leur chef, le colonel Garcès, député aux Cortès.

Le prince de Carignan s'était encore une

fois distingué, par son adresse à traverser le canal, son ardeur à gravir les retranchements, sa promptitude à faire le coup de feu. En témoignage, les soldats de la Garde eurent l'heureuse pensée d'offrir à leur « camarade » les épaulettes de laine rouge d'un grenadier tué dans l'action. Et le Prince s'en para avec fierté.

Cadix était plein d'émoi. Bientôt tout le peuple en rumeur se rassemble et murmure sous les fenêtres des ministres ; seuls les miliciens de Madrid — ils se sentent à jamais compromis — continuent à vouloir la prolongation de la résistance.

Le général Alava part, « au nom du Roi », demander au duc d'Angoulême un armistice. Mais il se voit refuser tout entretien avant que Ferdinand, d'abord mis en liberté, ne soit placé sous la protection des troupes françaises. La manœuvre des libéraux a échoué, leur parole n'est pas digne de confiance ; et voici que l'espoir d'un secours extérieur leur échappe.

*
* *

En effet, Riego a accepté avec empressement, car elle lui permet de s'éloigner, la mission d'aller chercher le salut suprême : sur un petit bâtiment de pêcheurs, il a pu s'échapper un soir, gagner Gibraltar, de là revenir à Malaga et rejoindre l'armée de Ballesteros, dont il compte prendre la direction. Mais cette armée est très mal en point : sur les hauteurs de Campillo de Arenas elle vient d'être complètement défaite ; les généraux Loverdo, de Bonnemains, de Saint-Chamans l'ont rejetée vers Jaën et le général Molitor est entré victorieusement à Grenade. Ballesteros sent perdue la cause constitutionnelle ; il signe une convention, à laquelle il aspirait depuis longtemps, et reconnaît la Régence de Madrid.

Une de ses divisions, aux ordres de Zayas, est restée aux alentours de Malaga. C'est auprès d'elle que Riego arrive ; il veut lui persuader de marcher au secours de Cadix. Il est reçu avec plus d'embarras que d'empressement. Il signale d'ailleurs sa présence par ses procédés habituels : menaces, contributions, fusillades ; le 3 septembre, il sort de Malaga, chargé de l'argenterie des couvents, du produit de son emprunt forcé et des malédictions des habitants ; à travers les rochers des Alpujaras, dont ses compagnons passent les défilés un à un, il se glisse vers les cantonnements de Ballesteros. Aux avant-postes, des scènes étranges se déroulent dans une journée très mouvementée : les soldats de Riego abordent les autres en criant : « Vive l'Union ! » On s'émeut, on s'embrasse, les deux chefs dînent ensemble, Riego veut entraîner Ballesteros à rompre ses récents engagements, il échoue, le fait arrêter, mais est contraint de le relâcher devant les réclamations menaçantes de ses officiers ; et la majorité des troupes se retire également.

Demeuré à la tête de deux ou trois milliers d'hommes, Riego erre dans les montagnes, tantôt acclamé, tantôt trahi. Il a, à ses trousses, les généraux de Foissac-Latour, Vallin, Bonnemains, Saint-Chamans. Il est chassé l'épée dans les reins ; poursuivi sur la grande route, il se jette dans les bois, lutte pendant une demi-journée. Il reste seul avec trois officiers (un Espagnol, un Italien et un Anglais) ; blessé, épuisé de fatigue et de faim, il descend dans une ferme de la Carolina d'Arguillos ; malgré son déguisement il est reconnu par un garçon d'écurie qui avait servi sous ses ordres comme milicien, et qu'il met en défiance en lui offrant une poignée d'or; dénoncé à l'alcade, il est saisi par les paysans; on lui fait crier : « Vive le Roi absolu ! à bas la Constitution ! » Rien n'était devenu plus plat que cet insolent moteur de toutes les révoltes; il suppliait l'alcade de se tenir derrière lui, dans la crainte de recevoir un coup de fusil dans le dos (1). Des hussards vinrent le prendre et le protégèrent jusqu'à Andujar. Toute la populace était dans les rues, impatiente de le voir, menaçant de l'égorger s'il était question de le soustraire à la vengeance des Espagnols. Elle l'accabla d'injures et ne consentit à se retirer qu'après avoir vu se fermer sur lui les portes de la prison. Elles ne s'ouvrirent que pour le transférer à Madrid; il fut réclamé par différentes juridictions et jugé par la deuxième chambre des alcades en un procès civil qui ne retint comme accusation ni l'insurrection militaire de Cadix, ni les assassinats de Saragosse, les vols de Malaga et de Jaën, mais seulement le vote à Séville, comme député aux Cortès, de la déposition du Roi. — Pour crime de haute

(1) *Souvenirs* du vicomte DE BOISLECOMTE.

trahison, il fut condamné à être pendu (1).

On le conduisit au supplice sur une espèce de claie traînée par un âne. Les fenêtres et les balcons étaient garnis de monde ; à peine pouvait-on apercevoir Riego abattu, inerte, exténué ; sur la place de la Cebada était dressée une potence d'une hauteur démesurée, il en monta péniblement l'échelle à la vue d'un peuple immense, qui hier l'accablait d'outrages et l'année précédente voulait le porter en triomphe. On lui passa la corde fatale et il fut lancé dans l'éternité. La foule, demeurée silencieuse, se retira satisfaite, sans désordre, la troupe espagnole avait fait elle-même la police du cortège et aucun soldat français ne parut.

*
* *

La Révolution pouvait sembler vaincue avec celui qui en avait donné le signal. Seule encore la Catalogne offrait une résistance et des ressources dont on n'avait pas eu l'idée.

(1) Le général de Saint-Chamans se trouvait à Madrid à cette époque, il assista à la scène de cette exécution lamentable. *Mémoires*, p. 458.

Barcelone, remplie de réfugiés, de miliciens et d'un peuple de tout temps difficile à gouverner, échauffé par les déclamations des clubs et dans l'ignorance des revers qu'éprouvait ailleurs la cause des Cortès, était comme un camp retranché. Mina avait ordonné une levée des célibataires de dix-huit à quarante-cinq ans. Tout le monde portait la cocarde avec l'inscription : « La Constitution ou la mort. » Il ne restait plus de prêtres ; les couvents étaient changés en casernes, la plupart des moines avaient été expulsés, jetés en prison ou fusillés. Il régnait une excitation pareille à celle qu'on avait vue en France en 93.

Avant les grandes chaleurs, le maréchal Moncey avait fait effort pour limiter le champ d'action laissé à l'ennemi aux alentours de la ville, et maintenant, sous l'influence de son âge, de la saison et de ses desseins, il se bornait à des mouvements de petite envergure.

Ses lieutenants montraient plus d'ardeur : Donnadieu surtout s'agitait, à la recherche d'un loyalisme moins douteux et d'une renommée militaire plus solide que les lauriers conquis, par des moyens de police, en

Dauphiné ; aujourd'hui royaliste fougueux, comme il avait été républicain forcené et à un moment impérialiste enthousiaste. Le général de la Roche-Aymon, avec les colonels de Fitz-James, Fantin des Odoards et Le Noury, manœuvrait sur les rives du Llobregat ; et il fallait beaucoup de vigilance contre Milans, dont les soixante-dix ans n'avaient pas ralenti l'incroyable activité ; : à la tête des régiments des Canaries, de Soria, de Cordoue, de Cantabre, il se portait sans cesse à droite et à gauche, s'efforçant de relier les petites garnisons espagnoles, de débloquer la Seo d'Urgel, de couper nos communications, de ravitailler le fort de Figuières, bataillant sans cesse contre le baron d'Eroles et la brigade de Tromelin, inquiétant le maréchal Moncey en personne. La garnison de Barcelone multipliait de son côté ses sorties, où se signalait un bataillon de réfugiés italiens et français, tous plus ou moins carbonari et francs-maçons.

La lutte la plus vive fût soutenue les 15 et 16 septembre par le brigadier général Fernandez qui prétendait nous couper la route de France en reprenant Figuières. — Le général baron de Damas occupait cette petite ville, dont la forteresse restait aux mains des constitutionnels.

Le baron Maxence de Damas est une des plus belles figures d'honnête homme et de chrétien d'un temps, d'une cause et d'un gouvernement qui furent riches en nobles caractères. Il avait souhaité (étant alors à la tête des troupes de Marseille) faire campagne en Espagne, afin de combattre au milieu de l'armée française où il s'était distingué seulement encore en temps de paix ; et il avait reçu le commandement de la 9e division au 4e corps. Dans ses *Mémoires* (1) il a laissé sur les affaires de Catalogne d'intéressants détails marqués de cette loyale simplicité qui donne du prix à son témoignage. Respectueusement attaché au duc d'Angoulême, serviteur fidèle du Prince, il avait considéré comme « une faute grave qui pouvait avoir les plus fâcheux résultats » l'ordonnance d'Andujar : « Quant à moi je n'en tins nul compte », dit-il. Malgré sa santé, alors mauvaise, il se maintenait vaillamment dans des positions difficiles et il ne se trouva pas surpris quand le colonel Al-

____

(1) Deux volumes publiés en 1922 et 1923.

varez, officier habile et audacieux, débarqua tout à coup afin de percer sur Figuières.

M. de Damas, miné de fièvre, quitta son lit pour monter à cheval et courut déjouer le mouvement de l'ennemi à travers les ravins de Llado où le marquis d'Eyragues venait d'être tué. Il fut complètement vainqueur à Llers dans une action, la plus chaude peut-être de la campagne, où, avec moins de 2 000 hommes, il fit 2 400 prisonniers.

S'il en remerciait Dieu, il n'en tirait pas vanité. « C'est un fait très rare à la guerre que de prendre en rase campagne un corps ennemi tout entier après l'avoir combattu, aussi en fait-on grand honneur au général victorieux et l'opinion publique dans ce cas ne fait que lui rendre justice ; cependant on a vu à quoi tint mon succès ! »

La capitulation avait soulevé un cas assez délicat. Parmi les constitutionnels prisonniers de guerre, la légion étrangère renfermait cent vingt Français. — « Tout ce que je puis faire, déclara M. de Damas, c'est de leur permettre de se retirer ; je ne les poursuivrai pas. — Nous ne pouvons accepter, dirent les officiers espagnols, car ils seraient immédiatement massacrés par nos paysans.

— Alors, la seule chose qui me soit permise, c'est de demander grâce pour leur vie. — Cela suffit, » répondirent-ils.

L'un d'eux demanda à parler à M. de Damas : il s'appelait Armand Carrel, sous-lieutenant au 29e de ligne, pour qui en effet M. de Damas, malgré son indiscipline, avait eu des bontés quand il était en garnison à Marseille. Mis en demi-solde, il s'était jeté avec fureur dans l'insurrection.

« Il était triste. Il commença par m'assurer qu'il avait fait tout ce qu'il avait pu pour se faire tuer. Nous causâmes. Les larmes lui venaient aux yeux ; il convenait de ses torts, comprenait toute l'étendue de sa faute (il était officier déserteur), mais disait ne pouvoir agir autrement (1). » Il était engagé dans les sociétés secrètes.

Les prisonniers, conduits en France sous notre protection, furent traduits devant les conseils de guerre, condamnés à mort, mais Louis XVIII leur fit grâce de la peine capitale sur la sollicitation du baron Maxence de Damas, devenu ministre de la Guerre. Carrel, notamment, fut mis en liberté.

----

(1) *Mémoires* du baron DE DAMAS, II, 20.

Il continua d'ailleurs à combattre par la plume le gouvernement royal contre qui il venait de tirer l'épée : du moins, avait-il condamné lui-même sa conduite quand il la « déplorait amèrement » devant ses juges, et avouait : « J'ai tout ignoré à Barcelone et s'il m'eût été donné de savoir que le Prince généralissime avait rallié tous les partis, que l'armée française se fût couverte d'une gloire immortelle dans la péninsule, j'aurais fui de Barcelone avant que Mina eût fait régner la Terreur. »

Le chef qui avait été à Armand Carrel si paternel et indulgent, M. de Damas, avait reçu à Girone une ovation des habitants, les bénédictions de l'évêque et les compliments du clergé. On célébra à la cathédrale un *Te Deum* et un service pour les morts.

Le 26 septembre, le fort de San Fernando ouvrait ses portes. — Cent un coups de canon saluèrent le pavillon royal d'Espagne qui devait flotter sur la forteresse. — M. de Damas avait couronné la campagne par un beau fait d'armes. Il fut promu grand officier de la Légion d'honneur, et créé pair de France. Il alla se reposer en Périgord, dans son château de Hautefort ; et c'est là qu'une estafette vint lui apprendre, au mois d'octobre, à la grande surprise de sa modestie, que le Roi lui confiait le portefeuille de la Guerre.

*
* *

Les fortifications de Pampelune, bâties par Vauban, semblent former une enceinte crénelée autour des cinq nefs de la vieille cathédrale, dont les deux tours couronnent la masse de pierre et dominent la vallée de l'Arga au-dessus d'un amphithéâtre de montagnes. L'œil reçoit l'impression que ces antiques remparts, fiers de cent légendes guerrières, sont difficiles à prendre. Les constitutionnels y avaient enfermé des bataillons à eux. Et quand le général de Conchy, avec les chasseurs de la Marne et les hussards de la Meuse, s'était présenté, dès le mois d'avril, devant les portes fermées, il avait fallu se résigner à la lenteur d'un siège.

M. de Villèle écrivait dédaigneusement :

Je suis convaincu que, tant qu'ils auront une goutte d'eau et une livre de pain, ces fainéants d'Espagnols aimeront mieux faire leur sieste tranquillement derrière leurs murs, que d'ouvrir leurs portes et sortir de cette position, insupportable pour des hommes plus actifs et moins imprévoyants.

Pendant qu'on s'observait de part et d'autre, chez les assiégeants les difficultés étaient nées de l'indiscipline de nos alliés espagnols ; les volontaires royalistes de Navarre subissaient l'influence des *pronunciamientos* de la péninsule, et la fantaisie prit aux soldats de vouloir changer leurs chefs. Le général de Conchy répondit froidement à leurs délégués qu'il allait les faire fusiller et alors le bruit s'apaisa. Afin d'éviter le retour de ces scènes déporables, on donna au comte d'Espagne, qui commandait ces partisans, le secours d'officiers français distingués pour l'assister : M. de la Barthe, l'intendant de Saint-Victor, le colonel de Roncherolles et le commandant de Rencogne.

Mais du temps avait été perdu et, dans la ville, la garnison très nombreuse, maintenue par des officiers qui savaient jouer leur sort, dirigeait sur nos bivouacs des canonnades incessantes. Les 18 et 20 juillet ils firent même des sorties énergiques repoussées par leurs compatriotes royalistes. Le général de

Conchy, très malade (il mourut le 27 août), ne pouvait donner une impulsion décisive. Le maréchal de Lauriston, qui arriva au jour et au moment où M. de Conchy expirait, prescrivit pour le 3 septembre une attaque générale. Le faubourg de la Madeleine fut emporté par le général de Quinsonas et la Maison Blanche par le colonel de Saint-Gilles. Alors le génie commença utilement ses travaux bien menés : malgré le temps pluvieux, en moins d'une quinzaine, la tranchée fut ouverte, les zigzags poussés, quatre-vingts pièces mises en batterie ; et sous les ordres du général de Damrémont, le feu commença le 16 septembre à la pointe du jour. Les bastions s'écroulèrent et le drapeau blanc fut arboré. Une proposition assez insolente de capitulation fut repoussée, les honneurs de la guerre refusés par le maréchal ; 3 800 prisonniers durent se remettre à notre discrétion. Ils furent au reste traités avec une grande humanité, ravitaillés par l'intendance française, conduits sans armes mais protégés, derrière les Pyrénées ; on avait même accordé la sortie de chariots couverts qui ne devaient pas être visités : on avait voulu, sans affaiblir les principes ni exciter les colères, sauver, cachés sous les bagages, des individus trop gravement compromis dans la Révolution.

Le maréchal de Lauriston adressa une belle proclamation à la province :

Navarrais, vous trouverez toujours aide et soutien dans cette armée française, votre alliée, qui ne veut remporter, en quittant l'Espagne, que la gloire de l'avoir délivrée du joug révolutionnaire et de lui avoir rendu son Roi.

Pampelune capitulait le même jour que se rendait le fort de Figuières (17 septembre). La semaine précédente le bourg de Santona avait été pris (10 septembre). La semaine suivante la place de Saint-Sébastien allait l'être.

Nous avions eu le premier contact avec cette ville bien située sur sa baie magnifique, s'ouvrant en éventail autour de son château de San Felipe, au début d'avril. — Une division du 3e corps envoyée par le général de Bourke s'y cantonna, menant des attaques sans succès mais non sans gloire, tandis qu'on occupait sans résistance Fontarabie et le Passage. Le général Canuel vint organiser un blocus. Au mois de juin les assiégés se défendirent par de violentes canonnades. Des troupes du 5° corps remplacèrent les premières et ne se virent maîtresses du terrain qu'après un vigoureux effort du général Ricard. La garnison prêta alors serment à la Régence.

Ces événements coïncidaient avec ceux dont Cadix était le théâtre, Cadix, où se jouait véritablement le dénouement moral de toute la campagne.

*\
* *

Aux instances pressantes et répétées du général Alava demandant une suspension d'armes, le duc d'Angoulême continuait à répondre que la première condition d'un accord était de rendre au roi Ferdinand une liberté qu'on ne pouvait regarder comme acquise tant qu'il ne serait pas venu s'abriter sous la sauvegarde du drapeau français.

Après cet échec auprès de nous, les constitutionnels en subissaient un autre auprès des Anglais. Ils suppliaient l'ambassadeur A'Court, réfugié à Gibraltar, de s'approcher avec un vaisseau de guerre britannique qui offrirait un asile à la famille royale. Cette ruse, assez grossière, arrêterait, pensaient-ils, nos exigences et tenterait l'Angleterre en lui facilitant, par une intervention de fait, cette médiation que nous avions absolument repoussée en droit. Mais l'Angleterre, prête à utiliser des révoltés, ne l'était pas à soutenir des vaincus.

Sir William A'Court refusa de se prêter à la manœuvre, alléguant que le bâtiment anglais violerait le blocus en entrant dans les eaux de Cadix. Toutefois, pour profiter de l'occasion, même mauvaise, le diplomate dépêchait son secrétaire Elliot vers le duc d'Angoulême afin de réitérer l'offre de l'intervention de la Grande-Bretagne.

M. Elliot n'eut pas d'autre réponse à porter à Gibraltar que celle qui avait déjà été donnée au gouvernement de Cadix.

Celui-ci perdait la tête : il réunissait une assemblée des Cortès, dont cette fois Ferdinand, se sentant proche de la délivrance, avait le courage de se refuser à faire l'ouverture. Malgré cela, on le fit parler par un document apocryphe qui injuriait au passage les « baïonnettes étrangères ». Les discours furent courts et plus qu'embarrassés, les délibérations affolées et incohérentes : on décréta un emprunt, comme s'il y avait encore un Trésor et des contribuables ; et pour le sort des combats on s'en remit, contre nous, aux vents de l'équinoxe.

Il fallait finir et clore tous ces verbiages, enlever ces chicanes à la cause perdue de la Révolution. L'amiral Duperré étant arrivé (17 septembre), on usa du concours de la flotte : le 20, la division navale appareilla et malgré une mer battue des vents sur une côte semée d'écueils, elle parvint à s'embosser auprès du fort Santi Petri, à l'extrême droite de la défense.

Les troupes de débarquement étaient déjà dans les chaloupes, quand le fort hissa le pavillon blanc. Deux jours après, l'amiral fit avancer sa flottille de bombardement vers Cadix : on jeta une centaine de bombes qui firent plus de bruit que de mal, mais la population terrifiée s'agita, confuse et bruyante, dans les rues, soulevant ces larges dalles qui les pavent, pour faire des barricades, en criant à la trahison.

Dans une révolution les partis vaincus ne veulent jamais avoir tort et avouent seulement les fautes d'autrui. Des soldats eussent peut-être gardé leur discipline, des magistrats eussent conservé leur sang-froid, mais ici on n'avait que des gardes nationaux et des parlementaires. La sédition se mit parmi les milices, le découragement dans les troupes de ligne ; les ministres songeaient à assurer leur salut, c'est-à-dire leur fuite. Les députés discoururent encore, pour voiler leur peur, et un instant après fut proposée, rédigée, adoptée (60 voix contre 30) une résolution portant que l'autorité absolue serait remise au Roi, qu'une députation irait le supplier de se rendre sans retard au quartier général français, puisque c'était la condition que mettait le duc d'Angoulême à la cessation des hostilités.

La députation partit, se présenta, fut immédiatement admise. Ferdinand la reçut avec joie mais avec prudence, fit quelques vagues promesses d'indulgence et de pardon, sans assurances précises. Les Cortès se déclarèrent dissoutes. Ainsi s'écroula le 28 septembre, à 4 heures du soir, l'autorité illégale et factice, qui au nom de la liberté mais sous le coup de la menace et de la violence, tenait en échec dans le royaume le pouvoir légitime depuis quatre années.

A ces nouvelles d'une reddition sans conditions, les miliciens de Madrid, répandus dans l'île de Léon, se révoltèrent. Ils déclarèrent s'opposer au départ du Roi, qui fut en effet suspendu. La sagesse de M. de Villèle avait eu raison de conseiller le pardon et l'oubli, « mesure nulle part plus nécessaire que dans le pays dont le Roi et toute la famille royale sont encore entre les mains de ceux qui ont besoin d'amnistie. Il faut laisser à ces hommes l'espoir d'être graciés, s'ils consentent à se dessaisir de leurs victimes, le dernier gage de sécurité qui leur reste (1). »

Le négociateur attitré, le général Alava, reprit le chemin du quartier général du duc d'Angoulême. Le Prince refusa de le recevoir et fit répondre qu'il allait donc ordonner l'assaut ; s'il était fait le moindre outrage au Roi, la garnison et les autorités seraient passées au fil de l'épée. Quelques coups de canon de l'escadre accentuèrent cette décision.

La ville s'agita dans les convulsions d'une agonie politique ; les miliciens exaltés proféraient les pires menaces ; Ferdinand, justement inquiet pour sa vie, signa une proclamation où on lui faisait promettre l'oubli du

____

(1) 26 août 1823, *Correspondance*, IV, 330.

passé, la reconnaissance des dettes, le maintien des grades, emplois et traitements, tout cela de « sa volonté libre et spontanée », disait le papier.

Une accalmie suivit qui fut employée en grande hâte par les plus compromis et les plus habiles pour s'évader, selon leurs propres moyens et leur adresse, afin de gagner, si possible, la terre ferme ou la haute mer pour voguer vers le Portugal ou l'Afrique, l'Angleterre ou l'Amérique.

Le 1er octobre, à 11 heures du matin, Ferdinand, la Reine, Infants et Infantes partaient à leur tour, dans un empressement compréhensible, et, au bruit de l'artillerie, traversaient, d'ailleurs par le plus beau temps du monde, les flots faciles de la grande baie. L'amiral Valdès, pensant se mieux couvrir en liant sa partie à celle du Roi, avait voulu s'imposer et tenir lui-même le gouvernail de la barque pavoisée où était le monarque ; et Ferdinand avait accepté gracieusement cette flatterie obséquieuse ; mais en route il n'adressa plus la parole au pilote improvisé, et en approchant du rivage, qui était bien le « port », il lui jeta un regard sans aménité. Valdès crut comprendre et, faisant signe aux matelots, sans descendre à terre, regagna Cadix à force de rames. Bien lui en prit.

Cette délivrance du roi d'Espagne, couronnement des événements qui depuis six mois marquaient les étapes de notre campagne victorieuse, présentait un spectacle digne de mémoire. Chateaubriand l'a magnifié en termes dithyrambiques (1). La réalité suffisait à impressionner les spectateurs : le rivage couvert de nos troupes en bataille, sur le quai les membres de la Régence, les ministres, l'ambassadeur de France, celui de Russie, des officiers en grand uniforme, à leur tête le Prince généralissime s'avançant pour mettre le genou en terre et tendre au monarque, son cousin et son obligé, en signe de déférence, son épée nue. Ferdinand, sans y apporter la même bonne grâce, le releva et lui donna l'accolade. Des vivats frénétiques se mêlaient au bruit de l'artillerie et le Roi fut accompagné jusqu'à sa résidence par l'imposant cortège suivi, encadré, pressé d'une multitude confuse d'habitants, de mariniers, de prêtres, de soldats criant à tue-tête : *Viva el Rey! Viva la reli-*

____

(1) *Congrès de Vérone.*

gion! — Et, ajoutant de tout leur cœur : *Mueran los negros!* pour achever l'expression de leurs sentiments.

Donnant de suite la mesure des siens, Ferdinand accomplissait le premier acte de son autorité royale recouvrée en déclarant *nuls* tous ceux du gouvernement constitutionnel depuis le 7 mars 1820 jusqu'à ce jour du 1er octobre 1823, — approuvait au contraire en bloc ceux de la Junte créée le 9 avril et de la Régence instituée le 26 mai. — Cette dernière cessait ses pouvoirs, et le monarque, en gardant les ministres, reprenait les rênes du gouvernement.

De l'autre côté de la baie, les constitutionnels, n'ayant obtenu aucune garantie et fort assurés de ne recevoir aucun pardon, s'enfuyaient de leur mieux ; les Français fermaient les yeux sur leurs départs clandestins et les aidaient à se mettre en sûreté. Ainsi Valdès, Alava, Zayas montèrent sur nos vaisseaux, y demeurèrent cachés et purent s'évader à la première occasion. Valdès avait été l'objet d'un ordre spécial d'arrestation de la part de Ferdinand qui, avec une ironie sinistre, lui avait frappé sur l'épaule au moment d'aborder à Santa Ma-

ria : « Je me souviendrai de toi ! » Valdès se
réfugia au Maroc.

Afin de maintenir l'ordre, le duc d'Angoulême exigea l'occupation de Cadix par
nos troupes. Le 3 octobre, les brigades d'Am-
brugeac et Ordonneau (5 000 hommes) dé-
barquèrent sur les quais où le général de
Bourmont les passa solennellement en revue.
Des détachements occupèrent tous les postes,
et, si la fierté nationale des Espagnols
éprouva d'abord un certain émoi, le sentiment de la sécurité ne tarda à l'emporter ;
bien vite le malaise se dissipa, la discipline
rassura tout le monde, la fin de la guerre
civile conquit les suffrages à ceux qui appor-
taient ce bienfait.

On appréciait surtout notre sincérité généreuse à garantir à tous une paix véritable, à
couvrir nos adversaires de la veille d'une
loyale protection. Le général de Bourmont,
dont les convictions personnelles n'étaient
pas suspectes, s'indignait des fureurs dé-
chaînées contre les « libéraux » et des mesures
de réaction dont il ne pouvait arrêter les
excès ; et quand il lui fut prescrit de ne se
mêler en rien des « questions locales », il
s'honora en écrivant au duc d'Angoulême :

« Ayant une grande répugnance à voir violer impunément sous mes yeux les garanties promises par Votre Altesse Royale au nom de la France, je crois devoir supplier Votre Altesse Royale qu'elle daigne me faire remplacer dans le commandement de Cadix et me rappeler à celui que j'avais de l'infanterie de la Garde royale. »

Cette amertume montait au cœur du généralissime, et lui aussi voulait se dégager d'une situation équivoque. Il faisait ses doléances à Louis XVIII (connaissant bien les sentiments de modération de son oncle) et ajoutait : « Si Votre Majesté juge que je doive tenir une conduite différente, il faut en charger un autre. » — Il prévenait M. de Villèle : « Je vous certifie que toutes les sottises qui peuvent être faites, le seront. » — Sa conviction s'appuyait sur ses déceptions qui s'augmentaient d'heure en heure.

Il avait eu, à la première rencontre de Puerto Santa Maria une conversation très courte, très banale avec Ferdinand. Le lendemain l'entretien avait été tout aussi insignifiant et quand, abordant le côté politique, il prononça quelques paroles sur la nécessité d'une amnistie, gage d'apaisement général, le Roi s'était contenté, avec un sourire, de lui faire entendre les cris qui s'élevaient sous ses fenêtres : « Vive le Roi absolu ! » — Argument *ad hominem*. — Et tout l'entourage du monarque accentuait encore cette attitude intransigeante, cette volonté d'une sévère répression.

On s'était plu à rendre pompeusement hommage à la France par un décret royal affiché le soir même :

La France, chargée d'une aussi sainte entreprise, a triomphé en peu de mois des efforts de tous les rebelles du monde réunis, pour le malheur de l'Espagne, sur le sol classique de la fidélité et de la loyauté, et m'a délivré de l'esclavage dans lequel je gémissais. Rétabli sur le trône de Saint Ferdinand par la main juste et sage du Tout-Puissant, par les généreuses résolutions de nos nobles alliés, par l'entreprise hardie de mon auguste et bien-aimé cousin le duc d'Angoulême et de sa vaillante armée...

C'était courtois et justifié, encore que les « nobles alliés », c'est-à-dire les cours européennes, profitassent un peu au delà de leurs mérites de la politesse ; — de clémence, pas un mot.

Le Roi et le Prince avaient quitté Puerto Santa Maria pour faire route ensemble jusqu'à Séville ; mais leurs esprits ne marchaient pas du même pas. Ferdinand portait au fond de l'âme le désir de la vengeance et l'intention fort arrêtée de punir enfin les sujets insolents qui l'avaient, depuis quatre ans, abreuvé de tant d'outrages. L'effort qu'il avait dû s'imposer pour cacher, quand il était leur prisonnier et leur instrument, sa colère, sa crainte, sa rancune, éclatait maintenant et cette passion personnelle dirigeait sa pensée bien plus que la conception royale d'une politique libératrice, réparatrice, en faveur du royaume déchiré et épuisé. M. de Polignac avait très sagement démêlé le fond de ce caractère sans caractère, sournois, entêté et vindicatif, quand il écrivait à M. de Villèle : « Je crains que le Roi n'envisage l'arbitraire comme de la force ; et qu'il ne songe à exercer des vengeances plutôt qu'à faire des exemples. »

Cette absence de miséricorde donnait une note uniforme à l'opposition brutale des partis. Ferdinand était vainqueur ; et les révolutionnaires ne se faisaient aucune illusion sur leur sort quand, à Cadix, ils avaient tant réclamé ces garanties écrites qui leur avaient été refusées malgré l'intervention du duc d'Angoulême. « Il n'y a rien de plus faux que le Roi, disaient-ils ; malgré toutes ses promesses, il serait capable de nous faire pendre. » — Le général Foy, qui avait pratiqué la péninsule, ne cachait pas son opinion : « Les vainqueurs, quels qu'ils soient, feront pendre les vaincus. »

*
* *

A Séville, — quand il apprit le supplice de Riego, qui venait d'être pendu, — le duc d'Angoulême n'obtint aucune promesse d'indulgence de la part de son cousin, qui avait pensé que quelques marques extérieures de gratitude suffiraient à acquitter sa dette de cœur et à fermer la bouche au généralissime ; il lui offrait le titre de prince du Trocadéro et, à Madrid, le palais de Buenavista. — On ne peut à ce propos se défendre de songer à Godoy, fait prince de la Paix et mis par Charles IV en possession de cette même demeure. Le rapprochement déplaisant vint peut-être à l'esprit de Monseigneur et il informait ainsi M. de Villèle de l'incident :

J'ai répondu très poliment mais par un refus très positif. Un fils de France est au-dessus de cela, et jamais je n'accepterai rien d'aucun souverain étranger. C'est peu connaître les convenances. Mais je le lui passerais s'il voulait bien gouverner son royaume (1).

La « réponse » était d'une grande noblesse et d'une belle fermeté d'allure ; elle s'élevait au-dessus des contingences personnelles :

C'est avec regret que je me vois obligé de représenter à Votre Majesté que tous les efforts de la France pour la délivrer deviendraient inutiles si Elle continuait à suivre le pernicieux système de gouvernement qui a amené les malheurs de 1820. Depuis quatorze jours que Votre Majesté a recouvré son autorité, on ne connaît encore d'Elle que des arrestations et des édits arbitraires. Aussi l'inquiétude, la terreur et le mécontentement commencent-ils à se répandre partout. J'avais demandé à Votre Majesté de donner une amnistie et d'accorder à ses peuples quelque chose de rassurant pour l'avenir. Elle n'a fait ni l'un ni l'autre.

Sa responsabilité ainsi dégagée, le duc reprit seul le chemin de Madrid où sa délica-

____

(1) 14 octobre 1823. *Correspondance*, IV, 460.

tesse ne voulait pas que sa présence diminuât en rien, en la partageant, l'ovation que préparait à son monarque sa capitale recouvrée. Il prétendit même se soustraire à celle qui l'attendait ; il refusa les honneurs d'une entrée triomphale et ne voulut point paraître aux fêtes que la municipalité organisait en son honneur. Il assista aux cérémonies religieuses de la Toussaint et mit à profit les trois journées de son séjour (31 octobre-4 novembre) pour organiser le corps d'occupation qui devait rester quelque temps derrière nous (1) afin de garantir la sécurité du royaume et permettre à l'armée espagnole de se reformer.

Le général de Bourmont prenait le commandement en chef d'une force d'environ 45 000 hommes répartie en quatre divisions : Madrid, Navarre, Cadix et Catalogne.

Le généralissime avait à distribuer beaucoup de récompenses mises à sa disposition pour nos troupes par le roi Ferdinand ; et les croix de Charles III, de Saint-Ferdinand, d'Isabelle la Catholique furent données avec justice et avec abondance. Le roi d'Espagne

---

(1) En principe jusqu'au 1er juillet 1824. En fait les dernières troupes durent rester jusqu'en 1828.

envoyait à l'ambassadeur de France, M. de Talaru, la Toison d'or ; le roi de France au duc de l'Infantado, président de la Régence, les insignes du Saint-Esprit.

D'autres distinctions, fort appréciées, allaient porter à l'armée victorieuse le public témoignage de toute la satisfaction de Louis XVIII. Des promotions multipliées donnèrent un avancement à tous les degrés de la hiérarchie, sans oublier les troupiers. Des colonels reçurent les étoiles et, tout en haut, l'état-major général fut comblé : Molitor devenait maréchal de France, le maréchal de Lauriston recevait le cordon bleu, les maréchaux Moncey et de Hohenlohe le cordon rouge ; Duperré était promu vice-amiral ; Molitor, Bordesoulle, Bourke, Bourmont, Damas, Guilleminot étaient élevés à la dignité de pairs de France ; et bientôt les deux derniers seront appelés l'un au ministère de la Guerre et l'autre à l'ambassade de Constantinople.

Tous ces choix si mérités donnaient satisfaction au généralissime qui les avait provoqués avec un grand sens de délicatesse et d'impartialité. Sa naissance le plaçait audessus de ces faveurs, sa vertu trouvait un sensible plaisir à s'en faire l'instrument.

Quand il quitta Madrid, l'alcade et les magistrats l'accompagnèrent à la sortie de la ville; à son tour il ne crut pouvoir refuser l'épée d'honneur qui lui était offerte en reconnaissance. Puis, modestement, avec un bataillon de la Garde, il se dirigea, à petites journées, et fort content du retour, vers la frontière.

De son côté, Ferdinand avait quitté Séville ; il marchait par l'Andalousie et la Castille du côté de sa capitale ; sur la route la frénésie des ovations ne se lassait point et sans contre-partie. Les constitutionnels avaient fui, leurs amis prenaient soin de se tenir à l'écart, les autres habitants pavoisaient, illuminaient, acclamaient ; le clergé solennellement s'avançait en procession et un véritable délire de loyalisme secouait les gens, hommes et femmes, autour de la famille royale. Empressement d'une sincérité indiscutable et touchante.

Un témoin un peu surpris du spectacle, mais curieux et impartial, M. de Boislecomte, nous a peint la scène pittoresque à l'entrée d'Andujar.

Je vis l'infortuné descendant de Charles-Quint, vêtu en simple particulier, traîné par le peuple dans une calèche à peu près moderne dont on avait couvert les roues et le timon de papier bleu et argent et orné les extrémités de quatre simples drapeaux blancs. Mais les acclamations, l'enthousiasme de la foule immense accourue des environs pour le voir, devaient le dédommager de la simplicité de son équipage. A son côté était la reine, pâle, abattue, essayant de laisser paraître un sourire qu'elle réprimait bientôt aux cris de *Mueran los negros!* présages certains de sinistres vengeances.

Ensuite, dans deux voitures attelées de six mules attachées avec d'énormes paquets de cordages, venaient les princes et princesses du sang et, derrière la voiture de la Cour, une dizaine de charrettes portant tout ce qui était nécessaire au coucher et aux repas de la famille royale. Chacune des villes ou villages que le cortège avait traversés avait dû, selon l'usage, fournir des denrées de telle et telle espèce, entre autres des volailles que l'on voyait, encore vivantes, et dont les cris se mêlaient aux clameurs de la multitude... L'accueil fier et presque dédaigneux que nous avons reçu du roi Ferdinand, le signe de tête presque imperceptible par lequel il saluait nos chefs les plus élevés en grade, tout cet ensemble guindé et taciturne, qui contrastait si fort avec la bienveillance et l'aisance de nos princes, nous donna la mesure du caractère de cette Cour.

Le 13 novembre, à 3 heures de l'après-midi, le roi et la reine d'Espagne firent leur entrée solennelle dans Madrid, avec une

(1) Amélie de Saxe, la troisième femme de Ferdinand.

pompe très « couleur locale », sur un char de triomphe haut de vingt-cinq pieds, d'une forme antique et gigantesque, traîné par cent hommes en vestes et pantalons vert et rose, entouré de groupes de danseurs et de danseuses habillés des couleurs les plus vives, suivi d'un cortège militaire imposant. — Il est inutile d'insister sur l'émotion et la fébrilité patriotique d'une population tout entière livrée à l'enthousiasme. A côté des gens bien heureux de la restauration monarchique et en droit d'espérer la paix nationale par le retour aux lois traditionnelles du royaume, on vit se ranger ces foules méprisables, mais dangereuses, sorties des bas-fonds de la société ; elles criaient : « Vive le Roi ! » comme elles avaient chanté l'hymne de Riego et vociféré la *Tragala*, féroce et grossière parodie du *Ça ira* de la Terreur. « Depuis les temps où Tacite la vit applaudir aux excès de César, la populace n'a pas changé, » a remarqué M. Thiers qui a trouvé pour la caractériser un mot demeuré célèbre : la vile multitude.

La joie « civique » de Madrid était accrue par les nouvelles « militaires » qui parvenaient de toutes les provinces du royaume.

Les dernières troupes constitutionnelles

massées sur la frontière du Portugal, ruinées par le découragement, resserrées par les paysans royalistes, décimées par la désertion, se dispersaient d'elles-mêmes et allaient se mêler, comme elles le pouvaient, dans les agitations et les troubles du pays voisin.

Après la poursuite d'un lieutenant de Riego nommé Marconcini, aventurier venu de Tolède, qui rôdait dans la province de Murcie et ne put échapper, malgré ses mensonges et sa traîtrise, au colonel d'Hautpoul qui eut beaucoup de peine à le préserver des fureurs populaires (1), — les généraux de Bonnemains et Vincent menèrent à bien leurs pourparlers avec les chefs Torrejos et Pinto. — A Carthagène, moyennant une amnistie, une demi-solde et des passeports, deux mille hommes faisaient leur soumission (3 novembre). — La semaine suivante, aux mêmes conditions, le colonel Foulon de Doué, à la tête du 13e de ligne, entrait à Alicante.

En Aragon, le général de Chastellux atteignait heureusement San Miguel, blessé, fuyant de Saragosse, à travers collines et plaines, faisant tête avec ses cavaliers comme un

---

(1) *Mémoires* du général marquis D'HAUTPOUL, p. 148.

sanglier forcé et permettant, par son courage à se bien battre, qu'on oubliât ses violences de langage quand il avait été ministre des Cortès. — Lerida, la Seo d'Urgel se rendaient les 18 et 21 octobre.

Barcelone enfin, dernier boulevard de la résistance vigoureuse, tombait à son tour. Les sorties de sa garnison s'étaient succédé sans résultat, nos batteries les avaient toujours refoulées. Par humanité le maréchal Moncey permettait aux assiégés de faire leurs vendanges en avant de leur ligne, mais il ne la laissait pas franchir. Le 7 octobre, il leur avait fait savoir les grands événements de Cadix et la délivrance de Ferdinand. L'entêtement du vieux Mina avait traité la nouvelle de ruse de guerre et de mensonge ; l'aventurier prêtait à un maréchal de France des procédés de félonie qu'il eût employés lui-même. Cependant la population prenait peur, elle menaçait le guerillero Rotten de le livrer, si la lutte impossible continuait, et le 22 octobre, Mina, découragé, se retirait, la rage au cœur, dans la citadelle.

Il demande bientôt une suspension d'armes, et le 2 novembre, jour des morts, il lui faut souscrire à une capitulation. On lui accorde l'amnistie et la conservation des grades militaires ; on exige la remise aux Français des armes et du matériel. Le 4, Moncey entre dans la ville où les habitants atterrés, silencieux, demeurent en partie cachés farouchement dans leurs maisons. Le 6, Mina a quitté Barcelone. Ses troupes sont licenciées. Lui et ses lieutenants, Milans, Rotten, passent en France sous la protection de nos soldats.

Mina se réfugia à Londres, très bien accueilli des whigs ; il y demeura l'âme des exilés constitutionnels, revint dans sa patrie après la révolution de 1830, se rallia à la cause de Ferdinand, quand celui-ci fut combattu par les carlistes. Il devait mourir à Barcelone, en 1836, au milieu d'une autre guerre civile, ayant couronné les derniers efforts de sa longue carrière de partisan, — commencée contre Napoléon, — par des mesures brutales et des proclamations sanguinaires qui ne caractérisent que trop bien une vie aventureuse, laborieuse et courageuse, car il réunissait des qualités et des défauts.

Les troupes de Molitor avaient pris possession de Carthagène le 5 novembre et, le 12, elles entrèrent dans Alicante, la dernière ville d'Espagne qui nous cédât et se soumît.

CHAPITRE IV

LE RETOUR EN FRANCE

Retour triomphal des troupes françaises. — Entrée du
duc d'Angoulême à Paris. — Fêtes. — Dépenses de
la campagne. — Attitude équivoque de l'Europe. —
Colonies espagnoles. — La politique de M. de Villèle. — L'armée d'occupation. — Services que la
France rend à l'Espagne et comment elle assure la
paix européenne. — Aveux des adversaires de l'expédition.

C'est au bruit du canon saluant tous ces
succès que nos troupes allaient retrouver
la patrie. Sur la route, les ovations les attendaient, de bons gîtes (s'il en est en Espagne),
les attentions, la gratitude. Nombre d'officiers obtenaient de devancer leur régiment et
partaient, à franc étrier, regagner leur garnison, revoir leur famille et leurs amis. Ils
étaient satisfaits de la campagne, et ils
avaient raison. Il entre certainement un peu
d'amertume, et trop de vanité, dans le mot
que l'on prête au maréchal Oudinot, se souvenant des luttes sanglantes de l'épopée

impériale : « Ce qui me fâche dans tout ceci, c'est que ces gens-là croient avoir fait la guerre. »

Mon Dieu, les parents de ceux qui furent tués au cours de l'expédition de 1823 pouvaient bien avoir cette persuasion, et ceux qui en avaient supporté les fatigues, poursuivre cette illusion ; la vérité, c'est qu'il ne faut pas mesurer le danger et le courage aux chiffres des hécatombes ; les résultats, heureusement peu sanglants, de la campagne d'Espagne en constituent les avantages et laissent aux vainqueurs le bénéfice autant que le mérite de la victoire.

Les généraux s'acheminaient avec une grande célérité ; M. de Saint-Chamans est le modèle de ces heureux voyageurs ; il venait de recevoir les plaques de la Légion d'honneur et de Saint-Ferdinand, il entrait dans la Garde royale comme officier général ; il avait le droit de considérer la vie sous de riantes couleurs :

J'étais dans une bonne voiture, bien fermée et bien douce, que j'avais achetée à Grenade, attelée de quatre forts chevaux conduits par mon cocher ; je m'étais pourvu de vivres et de provisions de toute espèce ; mes deux aides de camp ou officiers d'ordonnance m'accompagnaient et allaient d'avance préparer nos logements dans les lieux d'étape. Je partis en poste de Madrid pour Bayonne et, afin d'être mieux servi, je m'arrangeai pour voyager en même temps que le courrier de malle; je courus donc jour et nuit jusqu'à notre frontière et, la plupart du temps, sans les deux hommes d'escorte qui m'avaient été accordés pour toute la route depuis Madrid; je trouvais fort douce cette sécurité avec laquelle nous parcourions l'Espagne, en me rappelant ce qui m'était arrivé douze ans avant sur la même route (1).

Pendant tout le temps que dura la campagne, afin d'être plus proche des nouvelles de son mari, Madame la duchesse d'Angoulême avait été se fixer à Bordeaux, la cité fidèle par excellence qui, depuis 1814, se montrait d'un loyalisme indéfectible. L'accueil avait été enthousiaste, soutenu. Après quelques voyages à Toulon, à Pau, à la Rochelle, en Vendée, où les circonstances provoquaient d'ardentes manifestations autour de la princesse, celle-ci, à la suite d'un séjour de six mois, avait regagné Paris pour attendre le Dauphin, dont on pouvait prévoir le retour.

(1) *Mémoires*, 461.

L'annonce de la prise du Trocadéro avait été une grande joie et on avait entendu « l'Orpheline du Temple » prononcer ces paroles émouvantes : « Il est donc possible de sauver un Roi malheureux ! » A cette occasion le canon tonna, le *Te Deum* fut chanté à Notre-Dame, il y eut des illuminations générales, des grâces royales, une amnistie, une allégresse universelle.

Le généralissime passait le Bidassoa le 22 novembre, et adressait aux troupes ses adieux :

Je témoigne à l'armée des Pyrénées, en la quittant, ma vive satisfaction pour le zèle, l'ardeur, le dévouement qu'elle a montrés dans toutes les occasions, ainsi que pour la parfaite discipline qu'elle a constamment observée. Je me trouve heureux d'avoir été placé par le Roi à la tête d'une armée qui fait la gloire de la France.

Monseigneur acheva alors, à cheval, de parcourir par étapes les deux cents lieues qui lui restaient à franchir. Madame alla à sa rencontre jusqu'à Chartres et Monsieur à Versailles. Une entrée solennelle lui était réservée aux portes de Paris. Comme à Madrid sa

modestie voulait s'y soustraire. M. de Villèle l'avait averti des compliments qui l'attendaient : « Le Roi n'ignore pas que ces dis-
positions sont importunes à Votre Altesse,
mais il n'a pas cru devoir les refuser à la
juste reconnaissance du pays... Sa Majesté
les a réduits à ce qui lui a paru absolument
indispensable... Elle attend de Votre Altesse
Royale le même sacrifice au juste sentiment
de ses peuples. » En effet, la manifestation
était précieuse à la monarchie.

Les mauvaises langues ont prêté au Dauphin un mot digne du boulevard, mais qui
pour être accepté s'écarte trop des habitudes
réservées du Prince et de sa tournure d'esprit. De méchante humeur, il aurait dit à ses
écuyers : « Me voilà à cheval pour la plus
grande fanfaronnade vue depuis Don Quichotte (1). »

Le 2 décembre, — c'était l'anniversaire du
couronnement de Napoléon et d'Austerlitz,
mais ainsi tourne la roue de la Fortune, — il

(1) L'anecdote est rapportée, avec quelques autres détails,
par le futur maréchal de Castellane, alors colonel des hussards de la Garde (*Journal*, I, 467) ; mais il ressentait de
l'amertume de n'avoir pas fait la campagne d'Espagne ; il
allait du reste partir commander une brigade de l'armée
d'occupation.

entra par la porte Maillot, entouré des maréchaux et du plus brillant état-major de généraux, suivi des bataillons de la Garde et de la ligne, embarqués à Cadix et qui arrivaient de Brest. La marche fut un triomphe, l'entrée une fête nationale ; des trophées et des emblèmes ornaient la barrière de l'Étoile ; l'archevêque de Paris, le préfet de la Seine, les autorités municipales et militaires complimentèrent le généralissime qui, fort ému, au milieu des deux haies de gardes nationaux, descendit les Champs-Élysées, au son du canon des Invalides et au milieu des vivats des Parisiens ; arrivé au château par la grande allée des Tuileries, il mit pied à terre et monta présenter ses hommages au Roi qui le reçut, dit Mme de Boigne, « avec cette pompe théâtrale qui suppléait en lui à la sensibilité. »

Sous le balcon du pavillon de l'Horloge, où se tenait la famille royale, les troupes défilèrent pendant que la foule en délire criait : « Vive le Roi ! Vivent les Bourbons ! » — Non, vraiment, il n'y avait là rien qui rappelât Don Quichotte. — Avec la satisfaction nationale et la prospérité publique, la sincérité du cœur était évidente. Les Pari-

siens de bonne foi purent regretter ces heures
de paix glorieuse quand, aux trois journées
de juillet 1830, l'allégresse se changea en
fureur, et que les rues, naguère décorées de
fleurs, furent dépavées pour dresser des barricades, derrière lesquelles des émeutiers fu-
sillèrent ces mêmes soldats acclamés et res-
pectés.

On ne prévoyait pas ces tragédies en 1823.
Qui eût pu en souhaiter l'horreur? Les fêtes
se succédaient, elles furent clôturées le
15 décembre par une réception à l'Hôtel de
Ville pour laquelle six mille invitations
avaient été lancées. Les appartements du
comte de Chabrol ne suffisaient pas : on les
augmentait par des salles décorées de riches
tentures ; un banquet était servi avec magnificence : table royale, table des ministres et
des maréchaux, jeux, concert, bal, 1 200 danseurs, le premier quadrille exécuté par
Mme la duchesse de Berri et le prince de
Carignan, M. de la Rochejaquelein et Mme de
Chabrol, Mlle de Peyronnet et le marquis de
Pissy. Au souper, 500 femmes assises ; les
ambassadeurs, même celui d'Angleterre, y
étaient, M. Canning ayant levé la défense
faite d'assister aux réjouissances pour la

campagne d'Espagne. — Il y eut enfin spectacle à la Cour ; représentations dans tous les théâtres pour les corps de la garnison ; d'autres banquets militaires, une foule de réceptions particulières.

Les contemporains, bons juges de leur quiétude, la constataient et disaient ceci :

La famille royale était dans l'ivresse de la joie des succès obtenus par le duc d'Angoulême et par l'armée française. Les affaires de l'intérieur ne lui donnaient pas moins de satisfaction ; il devenait à la mode en France d'être bon royaliste et l'opposition libérale, républicaine ou bonapartiste était réduite à un si petit nombre d'individus qu'elle ne donnait plus aucune crainte. Les finances de l'État étaient parvenues, même après une campagne aussi coûteuse, à un degré de prospérité jusqu'alors inconnu ; l'armée française venait de se rallier franchement au drapeau blanc, la glorieuse campagne que nous venions de terminer avait replacé, parmi les puissances de l'Europe, la France au rang qu'elle doit occuper, et que les désastres de 1814 et de 1815 lui avaient fait perdre (1).

Les frais, certainement lourds, exigés par l'expédition n'étaient nullement écrasants.

_____

(1) *Mémoires* du général DE SAINT-CHAMANS.

M. de Villèle, financier économe, était aussi un administrateur sagace, il ouvrait la bourse pour les choses nécessaires ; il écrivait au duc d'Angoulême : « Toutes les dépenses que Monseigneur ordonnera seront payées sans observations. » À son estimation, cette année de guerre ne coûterait pas plus de 200 millions ; il en tenait 130 en réserve ; il pensait à un emprunt pour les 70 autres, ce qui n'augmenterait que faiblement les impôts. — Le généralissime n'abusait pas du blanc-seing reçu ; à son compte les dépenses seraient à peine de 60 millions, dont on pourrait encore, dans les calculs, déduire 20 millions, ceux de la solde qu'il eût fallu partout, en France aussi bien qu'en Espagne, payer à l'armée.

Restaient les marchés Ouvrard qui, tout en étant coûteux en soi, n'offraient d'autre gravité que celle que leur prêtait l'opposition pour s'en faire au Parlement une arme de mauvaise foi contre le ministère, bien qu'à tout prendre, celui-ci y demeurât étranger. C'est en effet sans son concours, ni même son assentiment, que l'intendance militaire, abandonnant son droit de fournitures jusqu'à la fin de la campagne, avait signé à

Madrid une transaction avec l'entreprise du munitionnaire. M. de Villèle avait été fort mécontent de cette concession, prévoyant peut-être la position équivoque que créait cet accord, l'aveu implicite qu'il contenait de l'insuffisance du ministère de la Guerre à remplir ses devoirs, et les embarras qui l'attendaient de ce chef.

Le duc d'Angoulême, ne voyant que la régularité des approvisionnements de ses troupes, avait couvert de son autorité une procédure assez irrégulière ; il ne concevait pas que l'on pût mettre en balance une somme d'argent avec les résultats politiques obtenus. Il le disait tout nettement et c'est le dernier mot de l'affaire : « Comme c'est au marché passé avec lui que je dois mon entrée en Espagne le 7 avril, et que le succès de mon expédition doit être en grande partie attribué à la discipline de l'armée qui n'aurait pu exister si elle n'avait pas été exactement fournie de tout, il est de mon devoir de recommander M. Ouvrard. »

Seulement, « M. Ouvrard » était désormais tenu à l'écart des fournitures destinées à l'armée d'occupation ; et l'ex-généralissime, usant d'oubli envers le spéculateur véreux, nourrissait au contraire une rancune invincible contre le très honorable maréchal duc de Belluno, qui, ministre de la Guerre, n'avait pas eu la prévoyance de lui assurer cette sécurité matérielle obtenue à prix d'or d'un fournisseur déconsidéré.

Or, cette animosité eut des conséquences très graves, car le duc de Belluno dut abandonner son portefeuille dès le retour du duc d'Angoulême, qui refusait de le voir.

* *

Sur le théâtre plus vaste de la politique étrangère, les vues restaient plus larges, et l'on ne ressentait pas ces contre-coups d'incidents mesquins. Avec malveillance et surtout dépit, l'Europe, comme toujours, s'inclinait devant un succès.

Notre conduite modérée avait sinon étouffé, du moins désarmé ces jalousies que M. de Villèle démêlait fort bien dès le lendemain de la victoire du Trocadéro : « On feint d'avoir des doutes sur notre désintéressement; on se prépare déjà à inspirer des craintes de notre ambition. » Mais enfin, on se taisait.

La Russie applaudissait à la victoire d'une cause dont elle avait désiré le triomphe, elle eût souhaité seulement y prendre une part effective, ce que notre dignité nationale ne lui accordait pas. — L'Autriche gardait le silence, satisfaite au fond de voir comprimer, sans qu'il lui en coûtât un florin ni un soldat, l'action révolutionnaire qu'elle redoutait à juste titre. La correspondance de M. de Metternich, publiée par son fils, est très sobre de dépêches à ce sujet ; les préoccupations de la chancellerie de Vienne n'étaient pas du côté des Espagnols à ce moment, mais du côté des Grecs. — La Prusse ne comptait pas, ne disait, ne faisait rien, n'osant rien dire ni faire.

Pour l'Angleterre elle exprimait, même au détriment de la prudence, sa mauvaise humeur, mais par de très petits moyens d'impolitesse, comme l'abstention de ses agents aux cérémonies en l'honneur de la paix.

« L'Angleterre est d'une humeur terrible, écrivait en souriant Villèle au duc d'Angoulême, après notre entrée à Cadix. — Stuart (l'ambassadeur à Paris) ne doit pas venir au *Te Deum* dimanche. » — On a vu que cette intransigeance de mauvais goût s'apaisait, puisque quatre mois plus tard, ce même ambassadeur recevait la permission de se rendre, comme tous ses collègues, au bal de l'Hôtel de Ville.

L'Angleterre, qui affecte toujours de mépriser le « sentiment », pensait se réserver des revanches pratiques dans la crise coloniale où l'Espagne se débattait, à l'heure où ses possessions d'outre-mer se détachaient de la métropole. Et le cabinet de Londres envoyait des agents et des consuls britanniques auprès des gouvernements séparatistes créés dans les territoires espagnols d'Amérique par l'insurrection, avant même qu'aucune puissance ait reconnu ces États. C'était prendre de l'avance sur tous les concurrents commerciaux. Elle perdit cependant la partie sur ce terrain encore, car Ferdinand VII, à notre suggestion, rendit un décret qui ouvrait les portes de ces colonies au commerce de toutes les puissances amies, ce qui ôtait sa raison d'être à la reconnaissance prématurément faite par le cabinet de Saint-James.

M. de Villèle limitait nos charges, tout en maintenant nos responsabilités, par une politique de discrétion. On peut trouver le résumé typique de son procédé dans une dépêche intime au duc d'Angoulême (1) : « La Sainte-Alliance, qui a la manie de régenter, se hâtera sans doute, aussitôt après la délivrance de Ferdinand, de vouloir le diriger. M. de Talaru nous représentera à Madrid pour notre quart ou notre cinquième ; on croira nous avoir soufflé un bon morceau. Laissons-le croire et, sans affectation, sans mépris, sans trop de facilité même, nous leur laisserons aller le fardeau, nous bornant à faire ce qui est indispensable à notre honneur et à notre repos. »

Prudence adroite qui était dans le caractère de M. de Villèle, mais n'enlevait rien à son mérite. « Après être sorti avec un bonheur inespéré d'une entreprise qui avait tant effrayé son imagination, il lui sembla insensé de courir encore de nouveaux risques. » C'était en effet fort inutile. Et le chancelier Pasquier, qui inscrit cette juste remarque dans ses *Mémoires*, a tort de ne pas louer cette sagesse, plus tort encore de lui faire grief de n'avoir pas arrêté une ligne de conduite qui eût été imposée à Ferdinand à sa sortie de

(1) 9 août 1823.

Cadix. « Cela, ajoute-t-il, était d'autant plus facile qu'on en eût fait la condition des secours dont il ne pouvait se passer. »

L'entêtement déconcertant du roi d'Espagne et la fragilité de sa bonne foi ne rendaient pas du tout « si facile » l'accomplissement d'une promesse de sa part, même d'une obligation souscrite ; et « un plan », M. de Villèle n'avait pas manqué de l'établir pour le jour de notre départ de la péninsule :

Retirer nos troupes, en occupant, pour notre sécurité, quelques places frontières ; *prêter* à l'Espagne les quatre régiments suisses à la solde de la France ; proclamer une amnistie générale, en concédant quelques exceptions pour les plus dangereux et les plus compromis des factieux ; convoquer les anciennes Cortès ; organiser des Juntes provinciales pour les finances ; faire choix d'hommes modérés pour composer les ministères, un conseil d'État, et les commandants de province ; confier, afin de pacifier les colonies en les maintenant rattachées à la mère patrie, confier, dans une sorte de démembrement, leur gouvernement à des princes de la maison royale : par exemple le Mexique à don Francisco, le Pérou à l'infant de Lucques, la Plata à don Sébastien ; appliquer le même système au Brésil par rapport au Portugal.

M. de Villèle tirait donc bien des conclusions politiques de notre effort militaire. Et le résultat répondait, en partie du moins, à son attente. Le traité d'occupation, signé à la mi-février 1824, stipulait que nous laisserions de l'autre côté des Pyrénées 45 000 hommes à notre solde, et que l'Espagne nous payerait la différence du pied de paix au pied de guerre, évaluée à 2 millions, y compris les frais de notre marine à Cadix. À la même époque l'Espagne signa la reconnaissance de 34 millions que nous lui avions avancés pendant la lutte. L'amnistie seule se faisait attendre, la négociation aboutit au mois de mai.

La cause dynastique avait entraîné, puis justifié notre intervention, que commandait le péril révolutionnaire.

C'était une puérilité de la part de l'opposition de gauche que de reprocher à la monarchie de servir monarchiquement la France. Que voulait-elle ? Que la Restauration travaillât contre elle-même et accréditât à Paris les théories, les maximes qui se manifestaient à Madrid par la captivité d'un roi? C'était imposer au gouvernement royal un suicide. (1).

Mais si la guerre était terminée, l'occupation ne l'était pas ; elle ouvrait même des problèmes nouveaux avant de résoudre complètement les anciens. Notre arrivée avait été accueillie, acclamée, de l'immense majorité des Espagnols, notre départ n'était souhaité de personne, notre présence assurant aux royalistes le maintien de leur pouvoir, et aux libéraux la garantie de leur sécurité. « Il n'entre dans la tête des Espagnols, de quelque parti qu'ils soient, que nous puissions évacuer leur pays avant plusieurs années. J'espère qu'ils pourront s'en passer, mais il est bon que vous sachiez ce qu'ils en pensent (2). »

A peine les exaltés nous pardonnaient-ils l'obstacle que nous mettions à leurs passions, en considération des services que nous rendions à leurs intérêts.

Le premier c'était les avances — 50 à 60 millions — que nous faisions à leurs caisses vides, car leurs finances restaient anéanties, comme leur armée demeurait disloquée. La France montait la garde pour

(1) NETTEMENT, *Histoire de la Restauration*, VI, 534.
(2) Le duc d'Angoulême à M. de Villèle, 12 juillet 1823.

maintenir l'ordre, sans que nos hommes d'État pussent exercer d'influence sur leurs hommes politiques. Promise d'abord pour six mois, notre présence, accordée pour une seconde demi-année, se prolongea jusqu'en septembre 1828.

Le *Journal* du futur maréchal de Castellane, commandant alors une brigade en Catalogne, puis à Cadix, nous apporte un témoignage précis de cette vie d'occupation. Les dépêches, le carnet, les *Mémoires* de M. de Villèle nous exposent, avec une parfaite harmonie entre eux, le fond de sa pensée, en ces conjonctures délicates :

« L'idée essentiellement liée à l'honneur de la campagne, c'est qu'il en sorte quelque chose de stable, d'utile à la paix du monde, de profitable à la France. Sans cela on ne verra bientôt plus que les 180 millions qu'elle nous aura coûtés...

« Ce qui doit caractériser la nouvelle politique de la France et fonder sa nouvelle influence, c'est le désintéressement et la générosité. La campagne militaire nous a nettement fait entrer dans cette carrière. Mais il serait bientôt impossible de la suivre, si la générosité devenait de la duperie, si le désintéressement à l'égard des étrangers devenait de l'injustice à l'égard des sujets du Roi. »

Ces considérations, toutes à l'honneur du gouvernement français, de ses intentions, de son but, de ses moyens, de ses procédés et des résultats de sa politique, permettent une conclusion au sujet de l'expédition de 1823. C'est la mieux établir que d'en demander les expressions à ceux qui s'en étaient montrés les adversaires.

Aux Anglais eux-mêmes, car leur bon sens ne se cabre pas contre les faits et la logique finit toujours par les conduire (il est seulement quelquefois trop tard) à savoir se déjuger, s'ils ont fait fausse route. Le chef du cabinet de Londres, Canning en personne, disait donc : « Jamais armée n'a fait si peu de mal et n'en a empêché autant. » Sir Robert Peel faisait cet aveu, dans une conversation intime, à M. de Marcellus, notre chargé d'affaires à Londres :

La Providence est pour vous ; vous aviez raison... Vous avez conquis une influence réelle sur le continent, une armée fidèle, des finances florissantes ; l'héritier de la couronne s'est acquis de la gloire par son courage et sa modération (1).

(1) *Politique de la Restauration*, 274.

Enfin, en France, l'opposition acharnée, parfois déloyale, baissait la tête, faisait même son *meâ culpâ*.

Plus tard, les « historiens. » de l'école libérale ont voulu reprendre les critiques, mais les contemporains ont eu la loyauté de l'aveu.

C'est Benjamin Constant, à la Chambre, le 28 juin 1824 :

J'aime à reconnaître que cette expédition mémorable a été glorieuse pour notre armée. Et je dirai que cette gloire est d'autant plus belle qu'elle ne se compose pas seulement de succès militaires. La générosité française animant jusqu'aux simples soldats a travaillé toujours, et heureusement réussi parfois, à faire prévaloir l'humanité contre la vengeance et à protéger l'ennemi désarmé contre l'auxiliaire aigri par de longs revers.

A la même séance, le général Foy déclare :

La rapidité des opérations en Espagne et la plénitude du succès militaire ont trompé les prévisions de ceux qui ne voulaient pas la guerre et ont surpassé les espérances de ceux qui l'avaient appelée de leurs vœux.

Quinze ans plus tard, à la réflexion, Saint-Marc Girardin écrira :

Non, le Congrès de Vérone n'a pas imposé à la France l'obligation de faire la guerre à la révolution espagnole. L'Europe s'accommodait de notre impuissance de 1815. La résurrection politique et militaire de la France, une des conséquences de la guerre d'Espagne, si cette guerre réussissait, inquiétait l'Europe bien plus encore que la Révolution (1).

Voilà le langage de l'équité sur le but et le résultat de cette grande affaire politique et militaire, menée avec tact et discrétion jusqu'au bout.

Si toutes les espérances du gouvernement royal ne furent pas réalisées, la faute en est au caractère national du peuple secouru qui ne sut pas utiliser la paix que nous venions lui assurer, et surtout au prince médiocre qui trompa notre attente et repoussa nos conseils. Mais, tout compte fait, cette page est heureuse dans les annales de la France ; les historiens ont le devoir de le dire, les politiques le droit d'en garder le souvenir.

(1) *Journal des Débats.* — *Études de morale et de littérature,* II.

FIN

APPENDICE

ENTRE LE CONGRÈS DE VÉRONE
ET LA GUERRE D'ESPAGNE

LETTRES INÉDITES DE CHATEAUBRIAND

La très complète édition qu'Edmond Biré a
donnée des *Mémoires d'outre-tombe* nous a présenté
un Chateaubriand peint par lui-même. Tableau excellent, tracé de main de maître on peut le croire, mais
où les couleurs favorables abondent, on peut le
croire aussi. Sans incriminer la véracité de l'illustre
homme d'État, son habituel et souvent légitime
orgueil ne permet pas d'imaginer qu'il ait médit de
soi. On n'écrit jamais des « Mémoires » pour se donner des verges ; et si des souvenirs personnels,
pleins de feu, de vivacité et de talent, offrent un
canevas merveilleux pour broder une longue vie,
ils sont insuffisants, parce qu'ils sont imparfaits. Il
faut les compléter par des lettres, meilleurs et véri-
diques témoins dans leur langage prime-sautier et
leur constant aveu sans retouches.

Pour personne, cette contre-partie n'est plus nécessaire que pour Chateaubriand ; pour personne elle n'est plus aisée. Lui, qui avait la plume facile, lui, chez qui les sentiments les plus intimes se déroulent toujours en se drapant dans le manteau de la littérature, n'a pas manqué de laisser courir sur le papier son cœur autant que son esprit. Il a dû envoyer beaucoup de lettres, sans compter les billets et les réponses ; et il les a en effet lancées aux quatre coins du monde, un demi-siècle durant. Sa renommée comme son génie honoraient et captivaient ses heureux correspondants ; aucun n'a dû négliger de conserver ces feuilles précieuses. La crainte serait d'en rencontrer trop plutôt que pas assez.

Où sont donc ces « correspondances »? En vérité bien dispersées ; et encore pleines de lacunes. Des mains respectueuses et empressées ont toutefois publié des fragments.

La plus ancienne, elle date du 25 octobre 1799, est adressée à Fontanes, l'ami utile de ce temps-là. Sainte-Beuve l'a publiée dans les *Causeries du lundi.* Et plus tard, quand il écrivit son fameux ouvrage sur *Chateaubriand et son groupe littéraire,* il en a révélé une trentaine encore.

Villemain n'a donné que des pages tronquées, pour la plus grande gloire de la symétrie, dans son *Étude sur Chateaubriand.*

Chateaubriand lui-même a transcrit quelques-unes de ses plus importantes missives dans le *Voyage en Italie,* le *Congrès de Vérone* et les *Mémoires d'outre-tombe.*

Mme Lenormand rédigeant ses *Souvenirs* sur sa tante Mme Récamier, apporte, comme on devait s'y attendre, un très riche butin : pas moins de 260 pièces.

Après elle, le témoin le plus intime, le meilleur, M. de Marcellus, en insère 73, quand il écrit son livre sur la *Politique de la Restauration*.

Parmi la correspondance de Joubert, M. de Raynal en intercale deux autres.

Plus près de nous, le chanoine Pailhès, très documenté sur l'auteur des *Martyrs*, en découvre une trentaine, dont il orne son travail sur *Chateaubriand, sa femme et ses amis*.

Çà et là, les chercheurs recueillent de petits paquets, tous précieux : M. de Roberthon révèle 40 lettres intimes à Mme de Custine ; on nous apporte 72 lettres à Mme de Cottens, ou encore 16 lettres à un Écossais lettré : Fraser Frisel. Un portefeuille de province longtemps discret, celui de la très romanesque marquise de Vendômois, dont on a vite percé l'anonyme, en contient 37.

Dans leurs *Mémoires*, Guizot, Hyde de Neuville, Villèle, respectivement en ont inséré 5, 31 et 22.

Dans leurs *Souvenirs*, Ampère et Barante : 7 et 5.

La correspondance de M. de Serre en garde 9.

L'abbé Pailhès a été le chercheur le plus favorisé, puisque 400 autographes lui ont servi pour composer son livre sur la duchesse de Duras.

En racontant les *Dernières années de Chateaubriand*, Edmond Biré avait dépouillé scrupuleusement les journaux de l'époque et trouvé ainsi dans leurs colonnes quantité de lettres, oubliées, de l'homme illustre.

Le travail du comte d'Antioche sur *Chateaubriand, ambassadeur à Londres*, provient, aux archives des affaires étrangères, de la correspondance d'Angleterre.

Une mine plus modeste, mais inattendue, a été explorée par M. Maurice Levaillant : c'est la correspondance échangée avec M. Le Moine, intendant dévoué et confident attitré de M. et de Mme de Chateaubriand pendant près de trente années.

On avait ainsi à peu près 2 000 lettres, éparses çà et là, quand M. Louis Thomas a entrepris la très louable, très difficile, très longue besogne de nous donner une collection de ces documents, de publier une *Correspondance générale* classée et méthodique du grand homme.

L'entreprise commencée en 1908 avec une belle vaillance à la librairie Champion a été retardée par la guerre (l'esprit n'était pas là) ; depuis par les frais prohibitifs de l'imprimerie (le danger est plus grand encore) ; et nous attendons la suite avec un certain découragement. Profitons de cet intervalle malencontreux pour continuer nos cueillettes. J'apporte une gerbe afin de calmer l'impatience sur un point particulier, à propos des événements qui portèrent, il y a cent ans, Chateaubriand au pinacle : lors du congrès de Vérone, où il ne fit pas la figure magnifique qu'il s'est attribuée ; et à la veille de notre expédition en Espagne, où il joua un rôle de premier plan, car il tenait alors, dans les conseils du roi, le portefeuille des Affaires étrangères.

Ces lettres, inédites, sont adressées au vicomte Mathieu de Montmorency, son prédécesseur au Département, son chef au Congrès de Vérone, son ami politique, encore qu'il ait assez lestement accepté de prendre sa place, malgré toutes sortes de belles protestations de désintéressement. Ce sont deux personnages considérables dans l'État, d'illustre naissance, de haute situation sociale, pairs de France, ministres, membres de l'Académie française, de vive intelligence, de grand crédit, et mêlés ensemble aux plus graves affaires de l'Europe. En même temps, ils ont vécu, l'un et l'autre, dans ce cercle littéraire de Mme de Staël qui nous intéresse par tant de côtés, Mathieu de Montmorency plus intime, avec un cœur plus chaud, une influence plus profonde, plus ancienne, et une amitié plus fidèle ; mais Chateaubriand dans un plus grand éclat.

En 1822, Mme de Staël est morte depuis cinq ans, mais Mme Récamier vit toujours et toujours fort entourée d'affections délicates où Mathieu et René se disputent la préséance : le premier, dans le souvenir d'un dévouement désintéressé qui date d'un demi-siècle, le second avec une jalousie triomphante où la vanité n'est pas absente, dans une passion récente encore, mais qui durera jusqu'à son trépas.

C'est là aussi un rapprochement assez piquant au reste, où les affaires de cœur et les affaires d'État se mêlent, presque à l'insu des deux champions.

*
* *

On connaît la carrière de Chateaubriand à cette
année de 1822 ; sa prééminence littéraire sous
l'Empire et ses démêlés presque tragiques avec
Napoléon ; son ardeur royaliste à la Restauration ;
il accompagne Louis XVIII à Gand ; il joue un
rôle à la Chambre des Pairs, un plus grand dans le
monde des lettres ; il entre dans la carrière diplomatique à Berlin ; puis le voici ambassadeur à
Londres, le premier poste de l'Europe, comme il ne
cesse de le faire remarquer depuis qu'il l'occupe. A
son arrivée en Angleterre, les choses se brouillaient
en Espagne : le roi Ferdinand était le jouet de la
Révolution à Madrid. Les Anglais, qui y trouvent
leur intérêt, veulent laisser faire ; la France, qui
y voit un danger, voudrait arrêter le flot et soutenir
le trône ébranlé. M. de Villèle, le plus important des
ministres (il ne sera officiellement président du
Conseil qu'un peu plus tard), entend y apporter
beaucoup de prudence, en bon ministre des Finances
qui tient les cordons de la bourse.

Plus chevaleresque, mettons si l'on veut moins
politique, Mathieu de Montmorency aperçoit surtout le devoir de secourir un monarque en péril,
un prince de la maison de Bourbon, et de combattre chez nos plus proches voisins ces mêmes doctrines révolutionnaires qui menacent en France la
sécurité nationale ; des conspirations militaires à

peine réprimées viennent de le manifester trop clairement. Il est royaliste indépendant, loyal, sincère, indéfectible, avec son désintéressement de grand seigneur, sa connaissance des événements où il est mêlé depuis quarante ans, les souvenirs de son libéralisme de jeunesse dont il porte le repentir avec une humilité toute chrétienne et dans une conviction qui éclaire sa conduite, fortifie ses sentiments de religion nourris par sa piété.

Tous les États sont en éveil ; on doit se réunir en un prochain congrès afin d'y prendre des décisions communes. M. de Montmorency, ministre des Affaires étrangères, naturellement, y représentera la France, mais M. de Chateaubriand en a conçu l'ambition, et voici qu'il demande cette mission avec instance.

Ses lettres, qui sont au nombre de onze, nous sont parvenues. Le petit-fils de Mathieu de Montmorency, M. le duc de Doudeauville, a bien voulu nous ouvrir ses archives et nous confier les papiers de son aïeul, dont la vie a été depuis de longues années l'objet de nos études. L'histoire trouve des lumières dans ces précieux documents ; ce sont des éléments nouveaux pour le récit que nous venons de faire du congrès de Vérone à la fin de 1822, et de l'expédition française en Espagne en l'année 1823.

Dans le style, le ton est à la fois vif et forcé, d'une fausse simplicité, d'une familiarité presque hautaine, d'une fatuité insupportable par les réticences ; l'écrivain affecte, par les petits détails, d'être dégagé des choses de ce monde, au-dessus des événements comme des hommes, traitant chacun de haut, montrant bien qu'il peut et doit tout mener.

Et cependant le grand homme parle, en quémandeur inlassable afin d'obtenir des places aux amis politiques. Il ramène tout à ces faveurs, monnaie courante de la vie parlementaire où les votes s'achètent par des emplois et où l'effort des influences eût abouti à composer un « personnel » de fonctionnaires à sa dévotion ; s'appuyer sur la reconnaissance est aussi un procédé de gouvernement.

Au fond, c'est encore de la vanité pour se donner de l'importance et montrer à ses amis son crédit.

Dans l'auréole de sa gloire, il ne craint pas de descendre de son piédestal pour des sollicitations personnelles. Une véritable passion le pousse à se rendre au Congrès qui doit s'ouvrir ; il a de bonnes raisons, mais il multiplie les mauvaises, tout en laissant paraître naïvement les motifs très sincères de ses désirs empressés.

Aussi ces missives sont surtout curieuses parce qu'elles nous apportent le secret du cœur plus que de la diplomatie et peignent le caractère intime de l'homme illustre. Elles disent sur certains points des faits nouveaux, elles confirment des opinions connues. Elles se rapprochent des dépêches qui ont été insérées dans les *Mémoires* de M. Villèle (au tome III) ; car écrites le même jour sous l'impression dominante d'un même sentiment, elles ne s'éloignent pas de la pensée qui guide la main. Ces billets intimes s'ajoutent avec intention aux dépêches officielles afin de souligner le trait et de

frapper l'attention ; et dès la première lettre on voit
le ton avantageux, dégagé de Chateaubriand, auprès
de son interlocuteur, « noble vicomte » comme lui,
à qui il offre des conseils pour mener à bien les
choses d'ici-bas.

I

Le vicomte de Chateaubriand
au vicomte Mathieu de Montmorency.

[Londres], 7 mai [1822].

Je ne saurois trop vous remercier, noble
vicomte. Ma dépêche est très longue aujour-
d'hui et elle est d'une grande importance.
Je ne saurois trop vous engager à vouloir
cette négociation, ne dût-elle aboutir à rien.
C'est, je pense, dans ce moment, le ciel ouvert
sur la question des colonies espagnoles. Cela
peut donner une importance immense à
votre ministère et vous sentez combien on
peut faire valoir qu'une telle négociation ait
été ouverte par des royalistes et sous une
administration royaliste.

J'insiste pour que votre réponse puisse
être *montrée*. Vous me donnerez à part vos
avis secrets.

Je meurs de fatigue... Vous devez le juger
à ma correspondance et à la multitude de

mes relations. Ma maison sera ouverte le 12. Le duc d'York veut me demander à dîner et le Roi (Georges IV d'Angleterre) en a grande envie. Mais les jalousies diplomatiques empêcheront peut-être le Roi de me faire cet honneur.

Nos amis m'écrivent de France des lettres furieuses et lamentables contre le ministère. Ils se disent trahis, etc., etc. On a eu bien tort, selon moi, de ne pas placer les six ou sept personnes dont, après tout, on m'avait promis les places entre les deux sessions. Est-ce que Donnadieu ne va plus au cordon sanitaire? Si vous reculez, vous tomberez. Prenez-y garde! Les élections seront commencées quand cette lettre vous arrivera. J'ai de vives inquiétudes.

Cependant, la circulaire de Villèle est très bonne.

Bon jour, noble vicomte,

J'espère que vous êtes au moins content de moi.

Tout à vous.

CH.

II

Fragment.

« ...dans ma petite dépêche. Vous aurez peut-être vu toutes les belles choses qu'a dites de moi M. Canning dans un discours public. Cela a très bien fait pour notre cause. Je dîne aujourd'hui chez la marquise de Coningham et le duc d'York dîne chez moi dimanche prochain. Il est maintenant assez probable que le Roi acceptera une invitation à l'ambassade de France. Je travaille à cela.

Votre politique intérieure peut devenir admirable si vous profitez bien des bonnes élections et de la mort du duc (de Richelieu), qui tue le parti Pasquier, Mounier et le centre, mais au nom du ciel prenez garde à une division dans le côté droit, et pour l'éviter faites quelques grandes nominations royalistes.

Le duc de Broglie a dîné chez moi avec M. de Staël. Cela m'amuse assez de faire boire du vin de royaliste à l'opposition.

Tout à vous, noble vicomte.

Cᴴ.

24 mai [1822].

Il est permis de constater que les *Mémoires d'outre-tombe*, parlant des Français de marque qui furent à ce moment à Londres les hôtes de l'ambassadeur, ne citent pas ces « libéraux », mais un groupe appartenant à une tout autre nuance d'opinion politique. L'omission, on pourrait dire la substitution, est certainement voulue. Voici le passage imprimé de Chateaubriand qui n'écrivait rien sans intention :

« Mes visiteurs français à Londres furent M. le duc et Mme la duchesse de Guiche (née de Polignac), dont je vous parlerai à Prague ; M. le marquis de Custine, dont j'avais vu l'enfance à Fervacques ; et Mme la vicomtesse de Noailles, aussi agréable, spirituelle et gracieuse que si elle eût encore erré à quatorze ans dans les beaux jardins de Méréville. »

Ceci est écrit en 1839.

En 1822, l'ambassadeur appuie au contraire sur son rôle, d'ailleurs fort louable, de guide aimable et adroit de gens distingués, mais adversaires politiques du ministère et dont sa courtoisie veut faire la conquête.

III

Le vicomte de Chateaubriand.
au vicomte Mathieu de Montmorency.

Londres, 31 mai 1822.

Je vais vous répondre, noble vicomte, article pour article.

J'ai vu M. de Broglie, M. de Staël et M. d'Houdetot; : ils ont dîné chez moi. M. d'Houdetot, très cordial et très appri-

voisé; M. de Broglie, un peu farouche.
M. d'Houdetot est retourné en France; M. de
Broglie se dispose à partir. M. d'Hausson-
ville, que j'ai mené hier au bal paré de
l'Opéra, où le roi se trouvoit, paraît peu disposé à partir pour le cinq; il est d'ailleurs très
bien pour nous à présent. Il n'y a pas d'autres
Pairs ici. Je n'ai pas vu M. d'Argenson. J'ai
donné à dîner aux deux *Vernet;* ils sont bien
mauvais; mais ils m'ont paru contents de la
courtoisie du grand-père des Ultra.

Vous savez tout le bien que je pense de
l'abbé Frayssinous. Le choix (1) pris *absolument* sera admirable, et pris *relativement* il
aura des inconvéniens. Il fera dire que la
Congrégation mène tout. Savez-vous que l'on
dit que vous êtes de la Congrégation? C'est
avec cette bêtise qu'on veut nous diviser
tous; on n'y parviendra pas.

Ne doutez nullement que de Lalot ne soit
très mécontent; et considérez si dans un
gouvernement représentatif, on peut sans
danger blesser un homme de la puissance de
Lalot à la tribune? Prenez garde aux divisions de la droite. Tout le danger est là.

Je suis charmé que l'affaire de Castelbajac soit finie; mais l'est-elle? Et Bertin de

____

(1) Pour le poste de Grand Maître de l'Université.

Vaux? Et Agier et La Borie? A propos, il faut que je vous dise que je suis décidément en hostilité avec un de vos collègues : M. de Clermont-Tonnerre ; il n'a rien fait pour mon pauvre beau-frère. Si c'est ainsi que l'on sert ses amis, je n'entends plus rien aux associations politiques. Je vais très franchement faire la guerre au ministre de la Marine, puisqu'il se laisse conduire par ses exécrables bureaux. J'aimerois cent fois mieux Portal. Si je m'étois adressé à lui, il auroit fait tout ce que j'aurois voulu, et d'autant plus que le roi est très bien pour M. du Plessis Parscau.

— Je reviens.

Je ne crains rien de la Chambre des Pairs. Elle aura, comme l'annnée dernière, l'envie de faire quelque chose et ne fera rien. La personne dont vous parlez me paroît se tromper si elle croit que la mort du duc (de Richelieu) a fait monter ses actions. Vous n'avez à craindre dans la Chambre des Pairs que quelques phrases dans l'adresse.

La Chambre des Députés sera orageuse et par conséquent la session sera longue. Vous devez vous y attendre. La Gauche sent bien qu'elle s'en va en grande partie l'année prochaine, et, par conséquent elle doit tâcher de tout brouiller. Il est probable que le Centre gauche affectera la modération pour attirer le Centre droit. Vous n'avez rien à faire que de marcher franchement à la tête de vos amis.

J'espère que vous ne représenterez rien que le budget et que la commission, bien nommée, fera le rapport vite.

J'ai des rapports *directs* sur la lettre royale. On rejette la pensée de se mêler de cela comme la chose la plus pernicieuse du monde. Je sais que l'empereur de Russie a été sur ce point un vrai chevalier. Je ne saurois trop vous engager à n'avoir aucune espèce de craintes de vos ennemis. Soyez modérés, polis, mesurés, mais fermes.

Je me doute bien de l'insolence de leurs notes officielles ; repoussez-les et surtout n'ayez pas l'air d'avoir peur.

Je consulterai pour le *Morning Chronicle*. Mon avis à moi est de laisser passer ; mais je puis avoir tort.

Voilà, noble vicomte, une effroyable lettre. Bon jour ; je tombe de fatigue. Le courrier est énorme et j'ai passé la nuit au bal royal.

Tout à vous,

Cʜ.

Un passage de cette lettre est à retenir :

La façon dont Chateaubriand parle de la « Congrégation » montre bien qu'aux yeux des gens d'esprit, même peu informés, ce mot mystérieux recouvrait une accusation imprécise et désobligeante ; simple machine de guerre.

Rappelons d'abord que l'abbé Frayssinous n'était point congréganiste non plus que M. de Villèle. Ce dernier, vers la fin de l'Empire, à Toulouse, avait eu connaissance, mais sans y entrer, d'une association d'hommes voués à la pratique des bonnes œuvres et qu'était venu organiser Mathieu de Montmorency. La chute de Napoléon et la délivrance du Pape avaient rendu inutile ce groupement.

Si Chateaubriand devinait que la « Congrégation » n'était en politique qu'un fantôme à tromper les niais, il connaissait fort mal la réunion de piété, qui existait réellement et dont les séances se tenaient précisément à la porte de son hôtel, rue du Bac, dans la maison des Missions étrangères. Il en parle une fois dans ses *Mémoires* pour accoler l'épithète à un magistrat et il fait erreur. Celui-là non plus n'était pas congréganiste. Ce nom de « congréganiste » est comme le synonyme de **dévot** ; clérical, dirait-on aujourd'hui.

S'il n'y a pas lieu d'accepter pour la Congrégation le reproche d'intrigues et d'influences occultes, il faut au contraire constater que Chateaubriand le méritait par ses démarches pressantes au profit de ses amis. Ceux qu'il recommandait vivement à Mathieu de Montmorency, il les a déjà maintes fois désignés impérativement à la bienveillance de M. de Villèle. Ainsi il dit tout net dans sa lettre du 30 avril à celui-ci :

« Placez mes cinq ou six royalistes : Bertin de Vaux, Castelbajac, Donnadieu, Canuel, La Borie, Agier, Delalot ; faites rendre le ministère d'État à Vitrolles ; arrangez la Bourdonnaye si vous pouvez ; l'avenir est à vous. Évitez la désunion parmi les royalistes aux élections et à la session prochaine tout est gagné. »

Ces cinq ou six candidats, en réalité, sont neuf et tous exigeants : une ambassade, la pairie, le conseil d'État, une division, une place dans un ministère, un titre, une pension peuvent seulement les satisfaire. Tel est bien le but « politique » de Chateaubriand, ce qui ne saurait écarter notre sentiment pénible en face de ces instances indiscrètes.

Lui-même va les multiplier sans vergogne en sa faveur :

IV

Londres, le 11 juin 1822.

Je viens vous demander, noble vicomte, ce qui est le but de mon ambition diplomatique et ce que j'aimerai d'obtenir de vous.

Je désire aller au Congrès. Je pense qu'il est bon pour vous et bon pour moi que vous me mettiez en rapport direct avec les souverains de l'Europe. Vous compléterez ainsi ma carrière et vous m'aurez toujours sous la main pour vous faire des amis et pour repousser vos ennemis.

Voici mes raisons plus générales :

Vous devez savoir maintenant par l'examen des cartons de votre ministère que toute la diplomatie de vos prédécesseurs est *ennemie* : M. de Caraman est un des membres les moins bienveillants de l'ancien corps diplomatique; et à ce grand inconvénient il en joint un autre, celui d'être l'instrument de M. de Metternich. La Ferronnais, excellent d'ailleurs, n'a pas du tout réussi au Congrès (de Laybach) et il avait surtout déplu à son Empereur. Des trois plénipotentiaires français à Laybach, il n'y a que M. de Blacas qui ait été agréable aux souverains, et si le Congrès a lieu en Italie, il est naturel que M. de Blacas s'y trouve. Si je suis auprès de lui, je l'empêcherai de tomber dans la politique *obséquieuse* où il avait été entraîné.

Vous savez peut-être que vos prédécesseurs m'auroient eux-mêmes envoyé à Laybach si l'obstination et en même temps l'hésitation du roi de Prusse à rester ou à ne pas rester à Berlin, n'avoit fait perdre un temps qui amena la fin du Congrès. Je vous demande de faire pour moi ce que vos prédécesseurs auroient fait, et ma position pour obtenir cette faveur est bien meilleure aujourd'hui qu'elle ne l'étoit alors.

Je suis *ambassadeur* auprès de la première puissance de l'Europe ; j'ai acquis une prépondérance que je n'avois pas encore lorsque je n'étois que ministre à Berlin. Il est très utile pour vous que vous ayiez au Congrès un homme qui connaisse la politique anglaise et qui puisse découvrir quelle est enfin l'espèce de relations secrètes qui existe entre la cour de Vienne et la cour de Londres. Pendant le Congrès je vous serai (*sic*) en Angleterre d'une parfaite inutilité. Tous les rapports arriveront à Paris, avant d'avoir été à Londres, et la cour de Londres ne m'apportera pas les dépêches officielles à lire et à extraire comme le faisoit la cour de Berlin. Dans un mois, vous savez que toutes les affaires cessent à Londres : les ministres même s'en vont à la campagne, on ne peut plus les joindre ; cet état de mort dure presque huit mois. Aussi à cette époque, presque tous les ambassadeurs s'en vont en congé sur le continent ou voyagent en Angleterre.

On ne peut pas m'objecter l'éloignement des lieux et la longueur du chemin : Vienne, pour M. de Caraman, est aussi loin de Florence que Londres l'est de cette ville ; et

quant à M. de La Ferronnais, aller de Pétersbourg à Florence, c'est aller d'un bout de
l'Europe à l'autre.

Je ne vois donc, noble vicomte, aucune
objection raisonnable. Nous pouvons et nous
devons avoir trois ambassadeurs, au moins,
au congrès de Florence, comme nous en
avions trois au congrès de Laybach. On y
agitera les plus grandes questions du monde,
et un seul ambassadeur n'oseroit prendre sur
lui de les décider. Alors pourquoi ne serois-je
pas un de ces trois ambassadeurs? Pourquoi
donneriez-vous la préférence sur moi à M. de
Caraman? Ne suis-je pas votre ami, le représentant au dehors de votre ministère,
l'homme qui connoit votre politique et qui
peut vous faire des amis au Congrès, comme
je vous en ai fait à Londres? Peut-être pen-
sez-vous au duc de Laval? Eh bien! je vous
demande d'y aller avec lui, et de remettre ainsi
en rapport d'amitié deux hommes entre les-
quels un nuage politique s'est si malheureusement élevé. Voici mon calcul : pour le roi,
M. de Blacas; pour vous, le duc de Laval; et
pour votre opinion et votre ministère, moi.
Si vous jugiez qu'on pût être quatre, je vous
demanderai (*sic*) Rayneval, comme sachant
bien le *matériel* et répondant à une autre
partie de l'opinion. Pour ma nomination au

Congrès, vous avez un précédent remarquable : le prince d'Esterhazy y sera ; il est ambassadeur, comme moi, à Londres.

Noble vicomte, j'agis toujours avec franchise : quand on vous a dit que je n'étois *pas bien pour vous* et que *je voulois votre place*, je vous ai écrit pour vous dire que c'étoit un ignoble mensonge. Je n'abandonne point mes amis dans la disgrâce, et je ne les envie jamais dans la prospérité. Restez où vous êtes. Je suis heureux et fier de servir sous vous. Avec la même loyauté je vous demande d'aller au Congrès et je ne vous cache point ma prétention raisonnable. Vous devez chercher à m'élever ; je dois être votre bras droit. Il n'y a point d'arrière-pensée dans ma demande. Je veux aller au Congrès pour revenir plus fort en Angleterre, où je me plais et où j'ai réussi au delà de mes espérances. Si un jour vous jugez que je vous sois utile dans l'intérieur, vous trouverez toujours bien où me placer. Mais quant à présent je ne demande qu'à suivre et parcourir ma carrière diplomatique. J'ai détruit à Berlin et à Londres les préjugés qu'on nourrissait contre nous. Vous ne pouvez pas m'envoyer passer trois mois dans toutes les Cours ; il faut donc saisir l'occasion d'un Congrès, pour me faire faire d'un seul coup, pour notre cause, ce que je n'ai pu faire que séparément et imparfaitement ; enfin, il importe que vos représentants au Congrès ne soient pas ceux du vieux ministère.

En voilà bien long, noble vicomte, et j'en aurois encore bien plus à dire. J'ai examiné à fond la chose, parce que je l'ai très à cœur, et la désire très vivement. Je me suis fait toutes les objections possibles, et, je vous l'avouerai, pas une ne m'a paru raisonnable.

Si le roi d'Angleterre alloit sur le continent, raison de plus. Je le suivrois comme M. de Caraman et La Ferronnais ont suivi les empereurs d'Autriche et de Pétersbourg.

J'attends, noble vicomte, votre décision. Vous ne me refuserez pas ce que je vous demande au nom de l'amitié et de la politique.

Tout à vous,

CHAT.

« En voilà bien long », en effet, mais la chose lui tient à cœur et il ne craint pas les répétitions. Il a ouvert le feu, comme il sied, auprès de M. de Villèle, dès le 2 avril, il continue les 17, 23, 30 mai. Et il fait presser le ministre des Finances par Mme la duchesse de Duras.

Entre temps, il demande le *cordon bleu* « pour le bien du service du Roi », il ne faudrait pas qu'il fût le seul ambassadeur sans cordon dans la plus grande ambassade de l'Europe, « cela est remarqué

et fait mauvais effet parmi le corps diplomatique ».
Ceci est dit négligemment, la mission est surtout
l'objet de ses désirs ; il les justifie par ses talents :
« J'ai déjà beaucoup amélioré ici notre position. »
Et il est à Londres depuis trois semaines !

Il entame la campagne auprès de son chef hié-
rarchique, le ministre des Affaires étrangères, par
cette lettre du 11 juin, que je viens de transcrire
sur l'original. Elle a été imprimée dans les *Souvenirs*
de Mme Récamier, car Chateaubriand a pris soin
d'en envoyer copie à Juliette, la priant d'appuyer
sa candidature, elle aussi auprès d'un ami commun.
Cependant il veut lui faire croire que tout son dessein d'aller à Vérone est de traverser Paris pour
la revoir :

« Vous me direz : vous avez donc une terrible
fureur de ce Congrès. Pas du tout. Mais c'est le
chemin qui me ramène dans la petite cellule (1). »

Elle en croira ce qu'elle voudra. Nous pouvons
penser que l'ambition le pousse plus que le sentiment, quand il réitère auprès de M. de Villèle les
arguments qu'il emploie auprès de M. de Montmorency et avec les mêmes explications :

« Vous m'aurez sous la main... d'autant que
parmi vos ambassadeurs, vous n'avez personne. »
Il affecte le même dédain pour le « corps diplomatique de Buonaparte » et il traite de haut M. de
Rayneval qui, bon agent de la carrière, « sait tout
le *matériel* », la moindre chose, c'est-à-dire son
métier. « Sa nomination avec la mienne aurait

(1) De l'Abbaye-aux-Bois.

l'air de l'impartialité et ferait taire les libéraux. »

Il change seulement les candidats, pour demeurer plus facilement sur la liste :

« Reste la question des hommes. Mathieu présentera sans doute son cousin *Adrien*. Je n'en veux certes point à ce pauvre duc de Laval. C'est un loyal chevalier, mais il me paraît difficile de le placer entre des hommes tels que Metternich, d'Hardenberg, Pozzo, Cappo d'Istria. »

Cependant il accepterait qu'on l'adjoigne à lui.

Puis il revient à sa combinaison : « Blacas pour le Roi ; moi pour la droite et pour vous ; Rayneval pour la *Révolution*, cela serait la perfection. »

Mais la perfection n'est pas de ce monde. L'ingénieuse combinaison s'écroule par la base : M. de Montmorency indique poliment qu'il compte remplir lui-même le rôle qui lui appartient.

V

Le vicomte de Chateaubriand
au vicomte Mathieu de Montmorency.

21 juin [1822].

J'ai reçu, noble vicomte, votre longue réponse et je vous en remercie. Elle ne change en rien au fond de mes idées : je suis persuadé qu'à la réflexion vous aurez vu qu'on ne peut guères sans me blesser injustement m'opposer

M. de Caraman. Mais si vous allez vous-même au Congrès, cela finit tout, et la France ne saurait être mieux représentée.

Quoique lord Londonderry soit invité par M. de Metternich à aller à Vienne, on ne croit pas qu'il s'y rende. Il ne peut se mêler de l'*occupation* de l'Italie que pour protester, et alors il embarrasseroit les souverains par sa présence ; et il ne peut approuver cette *occupation* sans s'exposer auprès de la nation anglaise et du Parlement. J'ignore si le prince Esterhazy sera au Congrès comme plénipotentiaire ou comme voyageur. Il m'a dit qu'il espérait assister aux conférences. Alors il seroit à Vérone (*sic*) comme plénipotentiaire.

Je suis avec le roi d'Angleterre assez bien pour lui être agréable ; pas trop pour déplaire aux ministres. Je m'en tiendrai là. Les ministres ne m'ont montré aucun symptôme de jalousie. Lord Londonderry au contraire redouble de prévenances.

Tout à vous, noble vicomte.

Ci-joint une lettre sur les affaires d'Espagne dont vous ferez ce que vous voudrez : elle est peut-être bonne à mettre au cabinet.

Évidemment, le « noble vicomte » (Chateaubriand) n'est pas content, et la lettre du 21 juin n'a pas l'expansion confiante de celle du 11.

La détermination de M. de Montmorency lui est

désagréable parce qu'elle ferme poliment la porte aux instances, et il reste coi tout en prétendant que ces raisons « sont bien faciles à réfuter ». Toutefois ce n'est pas sans justesse qu'il signale l'inconvénient de la présence du ministre au Congrès.

« C'est son droit. Il aurait grand tort de l'exercer. Je pense seulement qu'il ferait une faute telle qu'elle pourra le renverser par les intrigues qui vont s'ouvrir pendant son absence. » C'est connaître les mœurs parlementaires.

Mais ce serait méconnaître l'esprit de Chateaubriand de penser qu'il demeurera à court d'imagination ; une idée lui vient ; une « contre-idée », dit-il, à Mme Récamier : « Pourquoi, pendant l'absence de Mathieu, ne me confierait-on pas le portefeuille des Affaires étrangères par *intérim?* »

Oui, pourquoi? Mais il ne s'ouvre pas de ce dessein au titulaire et il revient auprès de lui à l'intention première.

VI

Le vicomte de Chateaubriand au vicomte Mathieu de Montmorency.

Mardi, 23 juillet 1822.
5 heures du soir.

Je vous remercie, noble vicomte, de votre lettre cordiale. Si je n'ai plus M. de Blacas pour concurrent, je me crois sûr de la victoire à moins que vous ne deveniez vous-même mon rival. Mais pourquoi, si vous allez au Congrès, ne m'emmèneriez-vous pas avec vous? Ma dépêche vous dit tout ce qu'il y a à savoir maintenant sur les projets de lord Londonderry relativement au Congrès. Je viens de le voir à l'instant. Je lui ai fait votre communication *confidentielle.* Il ne veut point donner des pouvoirs à sir Charles Stuart (1) pour traiter des affaires d'Espagne avec vous. Vous verrez par le *post-scriptum* de ma dépêche, à quel point il est monté. Pourtant j'ai obtenu de lui plus que je ne l'espérois, car il m'a dit qu'il écrivait à sir Ch. Stuart de s'entretenir avec vous confidentiellement sur la *question du cordon sanitaire* (2), uniquement sur ce *point-là.* Il est presque pour les *Cortès,* et surtout pour les hommes modérés qu'il croit voir triomphans en Espagne. Il parle du roi [Ferdinand VII] malheureusement comme il le mérite : il prétend que s'il s'établissoit des conférences à Paris sur les affaires d'Espagne, tout le monde le sauroit. Enfin (je me répète parce que j'ai beaucoup écrit et que je suis très fatigué) sir Charles Stuart vous parlera du *cordon sanitaire,* et

(1) Ambassadeur d'Angleterre à Paris.
(2) Les troupes françaises échelonnées sur la frontière des Pyrénées.

peu des affaires d'Espagne. Voilà tout ce qu'il fera, mais il ne communiquera pas avec les autres ambassadeurs. On lui donnera le droit de *causer*, mais on ne veut pas qu'on soit autorisé à dire que l'Angleterre se mêle des affaires d'Espagne. Au moins, noble vicomte, je ne vous ai trompé sur l'esprit du gouvernement Anglois et vous en savez plus sur ce point que tous vos prédécesseurs.

A vous pour la vie,

CHATEAUBRIAND.

VII

Mercredi, 24 juillet 1822.

« Je profite, noble vicomte, du passage de M. Bresson, pour vous dire que le prince Esterhazy qui devoit partir hier, comme je vous l'ai mandé dans ma dépêche d'hier numéro 42, a été retenu par lord Londonderry, afin que le prince puisse porter à Vienne la nouvelle des résolutions qui seront prises dans le Conseil des ministres anglais ; conseil qui se tient aujourd'hui. Je vais tâcher de rencontrer ce soir le prince Esterhazy, et si j'apprends quelque chose, je vous en instruirai par ma dépêche de vendredi.

M. Bresson vous porte le traité avec les États-Unis. Il a désiré qu'à son passage à Calais la nouvelle du traité vous fût transmise par le télégraphe. J'ai en conséquence écrit un mot au maire de Calais.

Mille compliments et amitiés.

CHATEAUBRIAND.

M. de Neuville a dû partir de New-York le 15 de ce mois (1). Vous verrez que M. Canning, à propos des corsaires américains, a presque attaqué le ministère, et que lord Londonderry n'a rien dit dans un long discours sur la République de Colombia.

M. de Chateaubriand envoyait des renseignements exacts sur l'esprit du cabinet anglais et ses longues dépêches officielles sont meilleures que ses billets particuliers :

« Notre prospérité renaissante inspire une vive jalousie. Il y a bien ici, parmi les hommes d'État, une certaine crainte vague des passions révolutionnaires qui travaillent l'Espagne ; mais cette crainte se tait devant les intérêts particuliers ; de telle sorte que si d'un côté la Grande-Bretagne pouvait exclure nos marchandises de la péninsule, et que de l'autre elle pût reconnaître l'indépendance des colonies

____

(1) Hyde de Neuville rapportait un traité de commerce entre la France et les États-Unis.

espagnoles, elle prendrait facilement son parti sur les événements et se consolerait des malheurs qui pourraient accabler de nouveau les monarchies continentales. *Elle se sépare des destinées communes et n'est attentive qu'au parti qu'elle pourra tirer des révolutions des Empires* (1). »

On voit que l'égoïsme de l'Angleterre suit une politique traditionnelle.

VIII

Le vicomte de Chateaubriand au vicomte Mathieu de Montmorency.

[Londres].

« Noble vicomte, vous verrez le prince Esterhazy, il causera avec vous de tout, de Londres, de Paris, de Vienne. Ne vous livrez pas avec lui à parler de lord Londonderry comme j'en pense, et comme vous en devez penser. On ne vous entendroit pas, et souvenez-vous qu'il y a une grande intimité entre lord Londonderry et le prince de Metternich et que le prince d'Esterhazy est l'élève et le disciple du dernier. J'ai été obligé de fermer ma dépêche avant d'avoir rien appris du

(1) N° 35, 28 juin 1822. Archives Affaires étrangères : *Angleterre.*

P. Est. J'ignore s'il est parti et si lord Londonderry lui a dit quelque chose d'important au sortir du Conseil des ministres. Vous pouvez dans tous les cas être sûr d'avance qu'aucune résolution n'aura été prise par le Conseil si ce n'est de n'en prendre aucune. Il est probable qu'on envoie à M. de Metternich de longues explications sur la conduite de M. Hervey (1) en Espagne et des récits sur le rôle que nous sommes censé avoir joué dans les événemens. Ensuite des instructions vagues au ministre anglois pour les conférences de Vienne et peut-être quelque chose sur la détermination aussi très vague de lord Londonderry touchant le Congrès. J'ai bien envie d'apprendre ce que vous avez résolu à ce sujet.

A vous, à vous.

CHATEAUBRIAND.

26 juillet, 6 heures du soir.

Un événement tragique, bien inattendu, allait dominer la correspondance de Chateaubriand. A la veille de partir pour le Congrès, le marquis de Londonderry, ministre des Affaires étrangères, par un acte de folie, se coupait la gorge avec un canif. C'était une crise pour le cabinet de Saint-James.

(1) Agent de l'Angleterre à Madrid.

Chateaubriand en tirait une conséquence pratique pour lui-même : la crainte d'être retenu à Londres à ce sujet. Il prévoit « l'objection » et il écrit en France pour qu'on l'écarte. Il souligne son impatience. Il envoie en missionnaire à Paris son secrétaire particulier, Hyacinthe Pilorge, puis le premier secrétaire de l'ambassade, le comte de Marcellus. Si on ne lui accorde sa demande, il menace de donner sa démission. Il s'exagère les conséquences de ce coup de tête, mais il ne s'arrêterait pas de le commettre.

« Je sais qu'en donnant ma démission j'amène inévitablement dans quelques mois la chute du ministère », dit-il à Mme Récamier dans un billet de tendresse mêlé de colère. Mais « il est trop honnête homme » pour cette mauvaise action.

Dans cet état d'âme ulcérée, les rapports amicaux et confidentiels avec Mathieu devaient se faire rares, sembler inutiles et délicats. Aussi, n'en trouvons-nous plus dans notre dossier.

Mathieu, au contraire, parle avec sa loyale simplicité le langage d'une courtoise franchise. Chateaubriand s'en irrite et voit dans cette bonhomie de l'ironie. Il avait tort ; et voici que M. de Marcellus accourt lui porter la bonne nouvelle : il ira au Congrès !

Il embrasse le messager, il exulte, il saisit sa plume, il envoie à Mme Récamier le cri du cœur : « L'affaire est faite ! » Et plus tard, quand il écrira à tête reposée cette histoire, il soulignera son contentement passé avec une rancœur injuste : « J'avais

amené M. de Villèle à forcer la main de M. de Montmorency. »

Témoin sincère et véridique, le comte de Marcellus
a mieux rendu la nuance exacte de la vérité, dans
ses notes sur les *Mémoires d'outre-tombe :* « Ce fut
M. de Villèle seul qui détermina l'envoi de M. de
Chateaubriand à Vérone. Le roi ne s'en souciait
guère ; M. de Montmorency ne le voulait pas ; le
reste du Conseil demeurait froid et sans influence
directe sur la question —, de Villèle renversa tous
les obstacles (1). »

Les plénipotentiaires étaient donc : le vicomte
de Montmorency, le vicomte de Chateaubriand, le
comte de la Ferronnays, le marquis de Caraman.

Quand Chateaubriand traversa Paris au milieu
de septembre, Mathieu était en route pour Vienne
et Vérone. Pour Vienne, d'abord, où allait arriver
l'empereur Alexandre à la cour d'Autriche et où
M. de Metternich, très soucieux des affaires d'Orient,
souhaitait vivement une conférence préliminaire
plus intime avant les réuninons plus solennelles
d'un Congrès.

C'est alors que Chateaubriand envoya ces deux
lettres un peu froides qui ne contiennent que des
détails de service. Elles sont écrites au vol de la
plume sur du papier ordinaire de petit format.

____

(1) Comte DE MARCELLUS, *Chateaubriand et son temps*, 282.

IX

Le vicomte de Chateaubriand
au vicomte Mathieu de Montmorency.

Paris, le 17 septembre 1822.

Je suis arrivé ici le 12, noble vicomte : Villèle s'occupe à rédiger mes instructions et je partirai pour Vérone du 22 au 25 à moins qu'avant cette époque vous (ne) m'appeliez à Vienne, ce qui n'est nullement probable. Comme vous n'aviez rien réglé au moment de votre départ pour ma légation, il est convenu que je prendrai M. de Rauzan qui est avec vous, pour mon premier secrétaire et M. d'Asprémont recommandé par Mme d'Agoûlt pour second ; ce qui est tout juste le nombre de secrétaires qu'auront MM. de la Ferronnais et de Caraman.

Bon jour, noble vicomte, mille compliments et dévouement.

CHATEAUBRIAND.

Rappelez-moi, je vous prie, au souvenir du comte de Bernstorff et de M. de Rayneval.

X

Paris, le 22 septembre 1822.

A la recommandation particulière de *Madame*, noble vicomte, j'ai demandé et obtenu que M. d'Apremont remplît auprès de moi les fonctions de deuxième secrétaire de légation à Vienne. Je vous serai donc obligé de vouloir bien l'expédier pour cette ville, quand vous saurez le moment où le Congrès doit s'assembler en Italie. Vous aurez aussi la bonté d'y envoyer M. le duc de Rauzan qui sera auprès de moi en qualité de premier secrétaire.

Dans la lettre que vous m'écrivîtes en Angleterre, vous me parliez de vous rencontrer vers Munich à votre retour ; ce n'est pas le chemin de Vérone, mais j'aurois volontiers fait cent lieues de plus pour vous voir. Comme vous ne parlez pas de moi dans vos lettres de Vienne, je suppose que vous avez changé de dessein et j'irai droit à Véronne lorsque vous me donnerez l'ordre de partir... (1) souverains n'arriveront guères en Italie avant

---

(1) Deux lignes coupées au ciseau.

le 10 ou le 12 octobre ; dans ce cas je partirois le 1er de Paris.

Tout à vous, noble vicomte.

A Vienne, M. de Montmorency, réservé auprès de M. de Metternich, s'entretint en toute franchise des affaires générales et de la question espagnole avec l'empereur Alexandre, qui prodigua l'accueil le plus empressé à sa personne et à ses principes.

A Vérone, il joua au nom de la France le premier rôle, et c'est seulement après son départ, le 22 novembre, que Chateaubriand — jusque-là il avait fait grise mine — s'efforça de bien occuper sa place, ayant d'ailleurs la loyauté de reconnaître : « J'ai hérité de ses succès ici. »

Quinze ans plus tard, écrivant sur ce Congrès un livre saisissant, éloquent et plein d'emphase, il se donnera un rang qu'il n'occupa pas auprès des souverains et des ministres avec qui il entretint des relations brillantes. Mais il est bien vrai qu'en racontant cette histoire, son talent littéraire l'a sauvée de l'oubli. L'expédition d'Espagne, conséquence du Congrès de Vérone, sera l'apogée de sa vie publique.

A son retour à Paris à la fin de décembre 1822, il tombait dans la crise ministérielle suscitée par un désaccord tout en nuances entre le président du Conseil et le ministre des Affaires étrangères, comme il n'en peut exister que chez des hommes d'une délicatesse raffinée. M. de Montmorency voulait suivre la ligne qu'il avait tracée à Vérone : une intervention armée immédiate en Espagne. Ses collègues pen-

saient comme lui. M. de Villèle voulait attendre pour
rappeler notre ambassadeur. Au fond, le premier
croyait la guerre nécessaire, le second la redoutait.

Or, Chateaubriand avait l'oreille de M. de Villèle
et lui prodiguait les assurances de son amitié. Il
s'avisa que si le portefeuille des Affaires étrangères devait changer de mains, il devrait tomber
dans les siennes. Et il évita d'en manquer l'occasion. Il se tint sur la réserve en s'abstenant de paraître dans les salons du ministre. Une indisposi-
tion servit de paravent utile à cette absence opportune. Elle nous a valu le dernier billet que nous trou-
vions de lui dans les papiers de M. de Montmorency.
L'écriture en est certainement fébrile.

On remarquera qu'il donne à Mathieu de Montmorency un titre dont le Roi l'a honoré en effet en
remerciement de ses services éminents au Congrès
de Vérone ; en le créant *duc* le jour même de son
retour, Louis XVIII a pris soin d'entourer cette
faveur de toute la grâce dont il a, dans ces circonstances, le secret.

XI

Le vicomte de Chateaubriand
au duc Mathieu de Montmorency.

[Paris.] Dimanche matin 22 [décembre 1822.]

« J'avais hier, monsieur le duc, une grosse
fièvre de rhume, lorsque j'ai eu mon audience

du Roi. J'ai souffert encore beaucoup cette nuit et je suis obligé de rester au coin de mon feu aujourd'hui, pour me mettre en état de partir pour Londres. Je ne pourrois donc pas avoir l'honneur de dîner chez vous aujourd'hui. Je vous prie de m'excuser et de dire aussi au Roi la raison qui m'empêche ce matin d'aller lui faire ma cour.

Tout à vous.

CHATEAUBRIAND.

La haute satisfaction qu'il avait voulu témoigner en ajoutant, par ce duché, un nouvel éclat au nom illustre de Montmorency, n'empêchait pas Louis XVIII de suivre ses idées politiques ; et comme les vues de Mathieu n'y correspondaient pas aussi bien que celles de Villèle, il le dit nettement à la séance solennelle du Conseil tenu dans son cabinet, aux Tuileries, le lendemain de Noël.

Le duc Mathieu de Montmorency croit dès lors de sa délicatesse de se retirer ; et c'est bien le vicomte de Chateaubriand qui lui succède. « Il passe les ponts », comme il le dit à Mme Récamier, en se rendant du faubourg Saint-Germain à la rue des Capucines, le 1er janvier 1823.

Il débute avec l'année qui luira pour sa renommée. En réalité, il va suivre pas à pas la route qu'a tracée M. de Montmorency ; sa sagesse entreprendra contre les révolutionnaires espagnols l'expédition que souhaitait l'enthousiasme de son prédécesseur, et que la prudence de M. de Villèle organisera et suivra jusqu'au bout. Ils en recueilleront tous deux la juste gloire. Une part en revient à Mathieu de Montmorency.

Et pour résumer le rôle de ces trois hommes d'État dans cette grave affaire si bien achevée à l'honneur de la France, il suffira de recueillir le témoignage d'un diplomate témoin et acteur, digne de toute créance par ses services, sa valeur et sa conscience. C'est le comte de Marcellus, dans le livre précieux où il apporte un loyal commentaire des *Mémoires d'outre-tombe* (1). Il dit ceci :

« Il s'est établi depuis longtemps une controverse historique qui n'est pas près de finir pour déterminer la part revenant à chacun de ces trois principaux promoteurs dans l'expédition d'Espagne.

M. de Montmorency, soit en entrant aux affaires, soit pendant le Congrès de Vérone, ou depuis, a toujours souhaité une croisade européenne pour sauver la personne et la famille du roi Ferdinand VII, en même temps que les institutions monarchiques si violemment menacées par delà les Pyrénées.

M. de Chateaubriand demandait une guerre toute française pour livrer bataille, hors du pays, aux conspirations intérieures, et surtout pour en ramener une armée puis-

(1) *Chateaubriand et son temps*, p. 296 (1859.)

sante, gage d'un glorieux et durable avenir.

M. de Villèle d'abord voulait la paix, mais il consentait plus tard à une intervention armée dont il prétendait régler les conditions, l'époque, les limites, pour en faire sortir la sécurité de nos provinces, la prospérité de nos finances, et l'affermissement d'une sage majorité parlementaire.

Ce sont trois nuances assez distinctes sans doute; mais toutes concouraient au même acte, sous une forme ou l'autre, plus tôt ou plus tard.

Pendant son séjour en Angleterre, M. de Chateaubriand ne cessait de pousser à la guerre par des dépêches ardentes adressées à M. de Montmorency converti d'avance. Ces dépêches étaient destinées à être lues dans le Conseil des ministres et à frapper l'esprit encore irrésolu du roi, comme à presser la prudente lenteur de M. de Villèle. A Vérone, la question d'Espagne, réservée par M. de Montmorency, demeura close à son départ ; et à Paris, M. de Chateaubriand ne commença à la traiter que le jour où M. de Villèle le chargea de rédiger la lettre au ministre de France à Madrid, et d'y formuler une marche séparée, en substitution plus qu'en opposition à la marche simultanée convenue à Vérone (1)

(1) Par M. de Montmorency, mais en laissant entière la liberté et la responsabilité de la France.

avec les trois souverains du Nord. La rédaction Chateaubriand-Villèle ayant prévalu dans le Conseil (1), la place du rédacteur y était marquée par la retraite de M. de Montmorency, qu'un mouvement de loyauté généreuse en éloignait.

Voilà tout ce que j'ai su. Mais je conviens aisément que j'ai pu ne pas tout savoir. »

M. de Marcellus est trop modeste. Il a bien su, bien vu et ses conclusions sont pleines de tact. Il n'y a rien à ajouter.

En versant au débat onze lettres encore inconnues de Chateaubriand, nous faisons luire une lumière nouvelle. Sans sonner la fanfare aussi haut que cette trompette de la Renommée embouchée par le *Congrès de Vérone*, elles rendent pour la vérité historique un son clair et précis. Elles viennent, comme nous le disions au début, enrichir la correspondance d'un homme qui a marqué de son empreinte littéraire et morale tout notre dix-neuvième siècle.

(1) Non ; mais dans l'esprit et la volonté de Louis XVIII.

TABLE DES MATIÈRES

PREMIÈRE PARTIE
LA QUESTION POLITIQUE

CHAPITRE PREMIER
DANGER EUROPÉEN DE LA RÉVOLUTION ESPAGNOLE

CHAPITRE II
DÉFENSE DIPLOMATIQUE A VÉRONE

CHAPITRE III

OPPOSITION PARLEMENTAIRE EN FRANCE

CHAPITRE IV

L'AGITATION EN ESPAGNE

DEUXIÈME PARTIE
L'EXPÉDITION MILITAIRE

CHAPITRE PREMIER
L'ARMÉE DE LA DÉLIVRANCE

CHAPITRE II
LA MARCHE EN AVANT

CHAPITRE III

LA DÉFAITE DE LA RÉSISTANCE

CHAPITRE IV

LE RETOUR EN FRANCE

APPENDICE

18

PARIS

TYPOGRAPHIE PLON

8, rue Garancière.

1928

EXTRAIT DU CATALOGUE
DE LA LIBRAIRIE PLON
ROMANS ET NOUVELLES

Bourget (Paul), de l'Acad. franç. —
Nos actes nous suivent. 2 vol. 24
La Geôle. 72e mille 12
Le Danseur mondain. 64e m. 12
Conflits intimes. 30e mille.... 12
Cœur pensif ne sait où il va. 80e mille.................. 12
Un Drame dans le monde. 70e m. Prix 12
Lazarine. 130e mille.......... 12
Anomalies. 30e mille......... 12
L'Ecuyère. 46e mille......... 12
Le Sens de la mort. 165e mille. 12
Laurence Albani. 51e mille. 12
Le Démon de midi. 70e m. 2 vol. Prix 24
L'Emigré. 81e mille.......... 12
L'Etape. 95e mille. 2 vol..... 24
Un Divorce. 116e mille....... 12
Némésis. 69e mille........... 12
Le Fantôme. 41e mille....... 12
Le Justicier. 38e mille....... 12
L'Envers du décor. 21e mille. 12
La Dame qui a perdu son peintre. 20e mille............... 12
Les Détours du cœur. 35e m.. 12
Les Deux Sœurs. 36e mille... 12
Drames de famille. 30e mille. 12
L'Eau profonde. 36e mille... 12
Un homme d'affaires. 22e m.. 12
Monique. 35e mille.......... 12
André Cornélis. Edit. déf.... 12
Complications sentimentales... 12
Pastels et Eaux-fortes. Edit. déf. Prix 12
Voyageuses. Edit. déf........ 12
L'Irréparable. Edit. déf.. .. 12
Physiologie de l'amour moderne Edit. déf................ 12
Un cœur de femme. Ed. déf... 12
Le Disciple. Edit. déf....... 12
Mensonges. Edit. déf. 2 vol.. 24
Cosmopolis. Edit. déf. 2 vol. 24
Terre promise. Edit. déf..... 15
La Duchesse bleue. Ed. déf... 12
Cruelle énigme. Edit. déf..... 12
Une Idylle tragique. Ed. déf.. 15
Un Crime d'amour Ed. déf... 12
Un Saint. Ed. déf.......... 12
Recommencements. Ed. déf... 12
Bourget (P.), Houville (G. d'),

Benoît (P.), Duvernois (H.). —
Le Roman des Quatre. 77e m. 12
Micheline et l'Amour. 48e m. 12
Barrès (Maurice), de l'Académie française. — *Amori et Dolori sacrum.* Edit. déf. 12
Le Jardin de Bérénice. Ed. déf. 12
Du sang, de la volupté et de la mort. Edit. déf.............. 12
Sous l'œil des Barbares. Edit. déf. Prix 12
Un Homme libre. Edit. déf... 12
Un Jardin sur l'Oronte. 92e éd. 12
La Colline inspirée. Edit. déf. 12
Les Déracinés. 14e édit. 2 v. 24
Colette Baudoche. Edit. déf... 12
Les Amitiés françaises. Edit. déf. Prix 12
L'Appel au soldat. Ed. déf. 2 vol. Prix 24
Le Mystère en pleine lumière. 40e édit 12
L'Ennemi des lois. Edit. déf. 12
Bordeaux (H.), de l'Acad. franç. —
Rap et Vaga. 36e mille..... 12
Le Barrage. 43e mille.. .. 12
Les Jeux dangereux. 45e mille 12
Le Cœur et le sang. 40e mille. 12
L'Amour et le Bonheur. 36e m. 12
La Chartreuse du Reposoir. 80e m. Prix 12
Yamilé sous les cèdres. 77e m. 12
La Vie est un sport. 25e mille. 12
La Vie recommence : I. La Résurrection de la chair. 68e mille. 12
II. La Chair et l'esprit. 40e m. 12
La Maison morte. 43e mille.. 12
Ménages d'après guerre. 32e m. 12
La Nouvelle croisade des enfants 40e mille. 12
La Peur de vivre. 127e mille.. 12
Une Honnête Femme. 82e m . 12
Le Lac noir. 19e mille....... 12
Les Yeux qui s'ouvrent. 152e m. 12
La Maison. 85e mille......... 12
La Neige sur les pas. 100e m. 12
La Robe de laine. 127e mille.. 12
La Croisée des chemins. 60e m. 12
Les Roquevillard. 35e mille.. 12
La Petite Mademoiselle. 36e m. 12
L'Amour en fuite. 26e mille.. 12

Martinon (S.). — *Nous deux.* 12
Le Cœur mal défendu. 10e éd. 12
L'Orgueilleuse. 8e édit....... 12
Mauclère (J.). — *L'Infernale.*. 12
Tiotis aux yeux de mer. 8e éd. 12
Mayran (Camille). — *Histoire de
Gotton Connixloo.* Prix du Roman
Ac. fr. 1918. 11e édit...... 12
L'Épreuve du fils. 10e édit... 12
Milan (René) (Maurice Larrouy.—
L'Esclave triomphante. 5e m. 12
Moselly (E.). — *Terres lorraines.*
(Prix Goncourt 1907). 17e éd. 12
Pérochon (Ernest). — *Nêne* (Prix
Goncourt 1920). 91e mille .. 12
Le Chemin de plaine. 13e m.. 12
Les Creux-de-Maisons. 20e m. 12
La Parcelle 32. 20e mille.... 12
Les Ombres. 25e édit........ 12
Les Gardiennes. 20e mille.... 12
Huit gouttes d'opium. 13e m.. 12
Les Hommes frénétiques. 14e m. 12
Bernard l'ours. 12e mille,.... 12
Rageot (G.). — *Le Jubé.* 6e éd. 12
Rameau (Jean). — *L'Amour mer-
veilleux.* 10e édit......... 12
L'Arrivée aux étoiles. 8e édit. 12
L'Inoubliable. 8e édit....... 12
Renaudin (P.). — *Le Maître de
Froidmont.* 10e édit........ 12
Rhaïs (Elissa). — *Saâda la Maro-
caine.* 28e édit... ... 12
Le Café-Chantant. 16e édit... 12
Les Juifs ou la fille d'Éléazar.
19e édit............... 12
La Fille des Pachas. 16e édit. 12
La Fille du Douar. 17e édit... 12
La Chemise qui porte bonheur.
16e édit...... 12
Le Mariage de Hanifa. 18e édit.
Prix............... 12
Par la voix de la musique. 18e édit.
Prix.............. 12
Rosny (J.-H.), de l'Ac. Goncourt.—
La Force mystérieuse. 10e éd. 12
L'Impérieuse bonté 11e édit 12
L'Indomptée. 10e édit ... 12
La Vague rouge. 16e édit.... 12
Vamireh. 16e édit.......... 12
Kyrimah. 5e édit.......... 12
Le Félin géant. 18e édit..... 12
La Mort de la terre. 10e édit.. 12
Marthe Baraquin. 10e édit... 12
Roupnel (G.). — *Nono.* 10e éd. 12
Sandy (I.). — *Chantal Daunoy.* 12
La Descente de croix. 6e édit.. 12
L'Heure folle. 8e édit....... 12
Andorra. 8e m........... 12
L'Homme et la Sauvageonne. 7e m.
Prix............... 12
Iliria. 14e édit...... 12

Sarment (Jean). — *Jean Jacques de
Nantes.* 10e édit............ 12
Schultz (Yvonne). — *Les Nuits de
fer.* 17e édit............ 12
La Flamme sur le rempart. 13e éd.
Prix.................. 12
La Couronne d'étoiles. 10e éd. 12
Serao (Matilde). — *Au pays de
Jésus.* 23e édit............ 12
Silvestre (Ch.).—*L'Amour et la Mort
de Jean Pradeau.* 10e édit... 12
Aimée Villard. 16e édit..... 12
Belle Sylvie. 20e édit...... 12
Prodige du cœur. 65e édit.. 12
Amour sauvé. 13e édit..... 12
Tharaud (J. et J.). — *La Maîtresse
servante.* 60e édit......... 12
La Tragédie de Ravaillac. 39e éd. 12
L'Ombre de la croix. 104e éd. 12
Un royaume de Dieu. 47e éd. 12
Quand Israël est roi. 86e éd... 12
La Randonnée de Samba Diouf.
59e édit.............. 12
Le Chemin de Damas. 69e éd. 12
Dingley l'illustre écrivain. 65e éd.
Prix............... 12
L'An prochain à Jérusalem. 70e éd.
Prix............. 12
La Fête arabe. 62e édit...... 12
*Marrakech ou les Seigneurs de
l'Atlas.* 70e édit.......... 12
Rabat ou les heures marocaines.
57e édit.............. 12
La Bataille à Scutari. 32e éd. 12
La Rose de Sâron. 65e édit... 12
Thélen (M.) et Dr Bertheaume (M.).
— *L'Interne.* 8e édit....... 12
Le Docteur Odile. 10e édit .. 12
Théo Varlet. — *Le Roc d'or*... 12
Vaudoyer (J.-L.)—*Peau d'ange.* 12
La Reine évanouie. 10e édit.. 12
La Maîtresse et l'Amie 11e éd. 12
Raymonde Mangematin. 7e m. 12
Premières amours. 6e mille... 12
Vignaud (Jean).—*Niky.* 20e éd. 12
La Maison du Maltais. 12e m. 12
Saraiï le Terrible. 10e édit... 12
Violis (Jean). — *L'Oiseau bleu
s'est endormi.* 12e édit..... 12
Weck (René de). — *Jeunesse de
quelques-uns.* 8e édit....... 12
Le Roi Théodore. 5e mille.... 12
Wharton (Edith). — *Au temps de
l'innocence.* 10e édit....... 12
Un Fils ou front. 6e édit..... 12
Zanta (Léontine). — *La part du
feu.* 10e édit............ 12
La Science et l'Amour. 8e éd. 12
Zifferer (Paul). — *La Ville impé-
riale.* 5e mille............. 12
Le Saut dans l'inconnu. 5e m. 12

PARIS. TYP. PLON, 8, RUE GARANCIÈRE. 1928. 35996. — P. 82-2.